Richard Webster

Dein Seelenpartner wartet ..

Richard Webster

Dein
Seelenpartner
wartet ...

Aus dem Amerikanischen von Andrea Fischer

//////////////////////////////// SILBERSCHNUR ////////////////////////////////

Originaltitel: Soulmates – Understanding Relationships across Time
Copyright © 2001 Richard Webster / Llewellyn Publications

Copyright der deutschen Ausgabe
© 2009 Verlag »Die Silberschnur« GmbH

ISBN: 978-3-89845-259-5

1. Auflage 2009

Aus dem Amerikanischen von Andrea Fischer
Gestaltung & Satz: P S Design, Lindenfels
Druck: Finidr, s.r.o. Cesky Tesin

Verlag »Die Silberschnur« GmbH · Steinstraße 1 · D-56593 Güllesheim

www.silberschnur.de
Email: info@silberschnur.de

Inhalt

Ewige Liebe ...

Jeder von uns wünscht sich Liebe. Sie begegnet uns in unseren Träumen, wir stellen uns unseren idealen Partner vor und träumen von einer dauerhaften Beziehung. Doch im wirklichen Leben kann es unendlich schwierig erscheinen, den richtigen Partner zu finden. Ich bin der Überzeugung, dass es für jeden Menschen einen ganz besonderen Partner gibt. Die Person, die perfekt zu Ihnen passt, ist entweder bereits mit Ihnen zusammen oder befindet sich gerade auf der Suche nach Ihnen. Die Schwierigkeit besteht darin, diese einzigartige Person zu finden. Doch Sie *können* es schaffen. Sie beide waren bereits unzählige Male zuvor zusammen. Vielleicht haben Sie eine leidenschaftliche Romanze im alten Ägypten, im mittelalterlichen England oder im Rom der Renaissance gehabt. Möglicherweise haben Sie angenehme Lebzeiten im Heiligen Land, in Thailand oder in Russland verbracht. Damals gelang es Ihnen, Ihren Seelenpartner zu finden. Das können Sie auch in diesem Leben wieder. Die Intention dieses Buches ist es, Ihnen dabei behilflich zu sein, diese bestimmte Person zu finden - und mit ihr dann zusammenzubleiben ...

Einführung

Was ist der Geist? Nicht Materie.
Was ist Materie? Niemals Geist!
Was ist die Seele? Sie ist nicht materiell.
Thomas Hood

Im reifen Alter von 20 Jahren machte ich mich 1967 auf die mühevolle Reise per Schiff von Neuseeland nach London. Eines Abends kam ich an, und am nächsten Morgen begann ich bereits, das West End zu erforschen. Zu meiner Überraschung traf ich Freunde aus Neuseeland. Sie waren in jener Nacht auf dem Weg zu einer Party und luden mich ein, mich ihnen anzuschließen. Es war eine gute Party, hauptsächlich deshalb, weil ich dort eine Freundin fand – Margaret Shaw. Vier Jahre später heirateten wir.

Ich war ursprünglich nach England gefahren, um mit meiner Schriftstellerkarriere voranzukommen. Nichts hatte ich damals weniger im Sinn, als eine Lebenspartnerin zu finden. Doch eine bestimmte Verkettung von Umständen hat uns zusammengebracht. Wäre ich nicht auf meine Freunde gestoßen oder hätte ich nicht beschlossen, zu der Party zu gehen, hätte ich Margaret nicht getroffen. Wäre sie nicht zufällig gut mit den Gastgebern befreundet gewesen, die die Party ausrichteten, wäre sie ebenfalls nicht dort gewesen.

War unsere Begegnung also purer Zufall, oder war sie vorherbe-
stimmt?

Sobald Margaret und ich befreundet waren, begannen Freunde
uns anzusprechen: »Bestimmt seid ihr Seelenpartner.« Aber wir lebten damals im London der Swinging Sixties und viele Menschen
sprachen freizügig über Seelenpartner. Daher schenkte ich ihren
Kommentaren auch wenig Beachtung. Doch immer wieder einmal
im Laufe meiner Arbeit als Hypnotherapeut kamen Pärchen auf
mich zu, die Rückführungen in andere Leben wünschten, um herauszufinden, ob sie bereits in früheren Leben zusammen gewesen
waren. Ich mache gerne Rückführungen und finde es faszinierend,
wie viele Pärchen über viele Generationen hinweg untrennbar miteinander verstrickt sind. Die Art der Beziehungen und die Geschlech-
terrollen wechseln, doch die hypnotisierte Person kann ihren Seelenpartner bei diesen Rückführungen in andere Leben sofort erkennen.

Leider funktionierte es jedoch nicht immer. Manche Pärchen kamen in der Überzeugung zu mir, dass sie Seelenpartner seien und
bereits in früheren Leben zusammen gewesen waren. Doch obwohl
sie sich leicht hypnotisieren und in verschiedene vergangene Leben
zurückversetzen ließen, war ihr Partner aus diesem Leben nicht
dort. Bedeutete dies, dass sie letzten Endes doch keine Seelenpartner waren?

Ich habe auch das gegenteilige Szenario erlebt, nämlich, dass
meine Klienten davon überzeugt waren, dass ihr Partner aus diesem
Leben nicht ihr Seelenpartner sei. Bei der Rückführung stellte sich
jedoch heraus, dass ihr Partner in jedem Leben auftrat.

Folglich hatte ich Situationen, in welchen die Menschen davon
überzeugt waren, dass sie Seelenpartner waren, was durch die Rückführungen unter Hypnose bestätigt wurde. Andere glaubten ebenfalls, Seelenpartner zu sein, was sich jedoch nicht bestätigen ließ.
Wieder andere glaubten, keine Seelenpartner zu sein, doch die
Rückführungen deuteten ganz darauf hin, dass sie es sehr wohl waren.

Dies war, gelinde gesagt, verwirrend. Ich begann, alles über dieses Thema zu verschlingen, was ich nur finden konnte, und stellte überall, wo ich hinkam, Fragen. Das Interesse an Seelenpartnern war enorm groß. Es schien, als sei jeder auf der Suche nach seinem persönlichen Seelenpartner. Jeder hatte den geheimen Wunsch, jenen perfekten Partner zu finden, mit dem er bereits viele, viele frühere Inkarnationen verbracht hatte.

Ich stellte fest, dass ganz unterschiedliche Vorstellungen darüber herrschten, was ein Seelenpartner ist. Viele glaubten, es bezeichne lediglich eine besondere, ungewöhnlich enge Beziehung, in der jeder Partner rein für den anderen lebt. Andere beschrieben es als eine Partnerschaft, in der die Partner sowohl Freunde als auch Geliebte füreinander sind. Die meisten Menschen definierten es als eine starke Liebesbeziehung zwischen einem Mann und einer Frau, die über viele Leben hinweg anhält.

Meine ganz persönliche Definition lautet: Eine Seelenpartnerschaft bezeichnet eine innige Verbindung zwischen zwei Menschen, die bereits seit vielen Inkarnationen besteht, wobei jeder Partner dem anderen hilft, die Lektionen zu lernen, die er in der betreffenden Inkarnation lernen soll.

Ich glaube, dass Seelenpartnerschaft nicht auf heterosexuelle Partnerschaften beschränkt ist und auch zwischen zwei Personen desselben Geschlechts bestehen kann. Es muss sich dabei auch nicht unbedingt um eine Liebesbeziehung handeln. Ich bin außerdem der Meinung, dass Seelenpartnerschaften nicht notwendigerweise ein ganzes Leben lang bestehen bleiben müssen. Vor einigen Jahren ließen sich gute Freunde von uns nach 15 Jahren Ehe scheiden. Ich war damals völlig verdattert, denn ich hielt sie für Seelenpartner. Dieser Meinung bin ich auch heute noch, doch ich spüre, dass sie die Lektionen gelernt haben, die sie voneinander lernen sollten, und folglich zogen sie weiter.

Der Mensch glaubt seit Jahrtausenden an Seelenpartner. Plato schrieb in seinem ›Symposion‹, dass sich der Mensch seit dem

Moment, als Zeus ihn in zwei Hälften geteilt hatte, auf der Suche nach seinem Seelenpartner befindet. In seinem Mythos beschreibt Plato eine Welt, in der es sowohl Männer und Frauen als auch Menschen gab, die Mann und Frau zugleich waren. Offensichtlich begannen die Menschen zu diskutieren, wie sie in den Himmel steigen und Gott ersetzen konnten. Die Götter waren darüber erzürnt und diskutierten, was zu tun sei. Die einfachste Lösung hätte darin bestanden, die Menschheit einfach auszulöschen, doch Zeus hatte eine bessere Idee. Er schlug vor, alle Menschen in zwei Hälften zu teilen. Damit würden sie zwei Fliegen mit einer Klappe schlagen. Erstens würde dadurch die Anzahl der Menschen, die den Göttern Opfer bringen, sofort verdoppelt werden. Zweitens würde dies die Menschen schwächen, so dass sie nicht imstande sein würden, ihren Plan auszuführen.

Zeus' Vorschlag wurde angenommen, und alle Menschen wurden in zwei Hälften geteilt. Natürlich waren die Menschen darüber entsetzt. Zeus beschloss daher, es den beiden Hälften zu ermöglichen, mit ihrem jeweiligen Gegenstück zu verkehren und dabei symbolisch ein Ganzes zu bilden. Folglich suchten die männlichen Teile andere männliche Teile, die weiblichen Teile andere weibliche Teile, und die Menschen, die sowohl männlich als auch weiblich gewesen waren, suchten ihre andere Hälfte, sodass es der Bevölkerung möglich war, sich zu vermehren.[1] Platos Erzählung ist eine interessante Geschichte und zeigt, dass der Glaube an die Seelenpartner schon ausgesprochen alt ist. In der Tat reicht seine Idee, eine »ganze« Person irgendwie in zwei Hälften zu teilen, sogar noch weiter zurück. In der Bibel erfahren wir, dass Gott ein Wesen ›nach seinem Bilde‹ erschuf (1. Mose 1, 27). Gott entnahm diesem perfekten Wesen eine Rippe und schuf eine Frau (1. Mose 2, 21-23). Folglich müssen Adam und Eva Seelenpartner gewesen sein.

In der Ra-Mythologie, in der ägyptischen Überlieferung, waren die Götter Isis und Osiris Seelenpartner. Diese 5.000 Jahre alte Geschichte berichtet, wie die Zwillinge Isis und Osiris ihr Leben gemeinsam im Bauch der Mutter begannen. Man glaubte sogar, dass sie noch im Mutterleib Geschlechtsverkehr miteinander hatten.[2] Sie wuchsen auf und heirateten. Ihre Liebe zueinander war so groß, dass sogar der Tod sie nicht trennen konnte. Osiris wurde von seinem eifersüchtigen Bruder Seth getötet, der sowohl Isis als auch das Königreich für sich begehrte. Der Sarg mit Osiris wurde in den Nil geworfen und trieb nach Byblos. Isis fand ihn und brachte ihn zurück nach Ägypten. Dies machte Seth wütend, und er teilte Osiris' Leichnam in 14 Stücke, die er über das ganze Land verstreute. Isis gelang es, alle Teile zu finden, nur den Penis nicht, der von der Krabbe Oxyrhyncus gefressen worden war. Sie formte einen Penis aus Lehm und verwandelte sich selbst anschließend in einen Geier. Sie erweckte Osiris' Leichnam wieder zum Leben, indem sie mit ihren Flügeln schlug, und sie liebten sich leidenschaftlich. Ihr Sohn Horus entsprang dieser seltsamen sexuellen Vereinigung.

Diese faszinierende Geschichte übte auf die alten Ägypter eine enorme Anziehungskraft aus, und Osiris wurde zu einer ihrer beliebtesten Gottheiten. Diese Geschichte zeigte, wie Osiris den Tod überwunden und die Unsterblichkeit erlangt hatte. Damit schöpften die Menschen zum ersten Mal die Hoffnung, dass sie ebenfalls unsterblich werden könnten. Es zeigte die starke Liebe eines Mannes und einer Frau, und wie diese Liebe selbst nach dem Tod eines der Partner noch weiter wachsen kann. Es überrascht daher auch nicht, dass Abydos, der Ort, an dem Osiris angeblich begraben wurde, zu einem der heiligsten Plätze in Ägypten geworden ist.[3]

Mit dieser Geschichte begann auch eine Tradition, bei der König »Horus« genannt wurde, jedoch nach seinem körperlichen Tod zu »Osiris« wurde. Sein Nachfolger wurde daraufhin wieder Horus genannt, wodurch die Göttlichkeit des Königs bekräftigt wurde.

Liebe ist schon immer das Thema wundervoller Geschichten gewesen, seitdem die Menschen begonnen haben, miteinander zu kommunizieren. Kein anderes Wort hat eine solche Bandbreite wie das einfache Wort »Liebe«. Viele Menschen lesen Bücher und schauen

sich Filme an, um einfach wieder einmal die Gefühle eines frisch
verliebten Pärchens zu erleben – in der Hoffnung: wenn sie nicht gestorben sind, dann leben sie auch heute noch glücklich und zufrieden ... Jeder von uns wünscht sich Liebe. Sie begegnet uns in unseren Träumen, wir stellen uns unseren idealen Partner vor und träumen von einer dauerhaften Beziehung. Doch im wirklichen Leben
kann es unendlich schwierig erscheinen, den richtigen Partner zu
finden. Ich bin der Überzeugung, dass es für jeden Menschen einen
ganz besonderen Partner gibt. Die Person, die perfekt zu Ihnen
passt, ist entweder bereits mit Ihnen zusammen oder befindet sich
gerade auf der Suche nach Ihnen. Die Schwierigkeit besteht darin,
diese einzigartige Person zu finden. Doch Sie können es schaffen.
Sie beide waren bereits unzählige Male zuvor zusammen. Vielleicht
haben Sie eine leidenschaftliche Romanze im alten Ägypten, im mittelalterlichen England oder im Rom der Renaissance gehabt. Möglicherweise haben Sie angenehme Lebzeiten im Heiligen Land, in
Thailand oder in Russland verbracht. Damals gelang es Ihnen, Ihren
Seelenpartner zu finden. Das können Sie auch in diesem Leben wieder. Die Intention dieses Buches ist es, Ihnen dabei behilflich zu
sein, diese bestimmte Person zu finden – und mit ihr dann zusammenzubleiben. Ich wünsche Ihnen, dass Sie Ihren Seelenpartner finden mögen und ein Leben lang eine glückliche Beziehung mit ihm
bzw. ihr genießen dürfen.

1

Seelenpartner

*Bei unserer Geburt fallen wir lediglich in einen Schlaf des
Vergessens. Die Seele, die mit uns aufsteigt, unser Geburtsstern, ist
irgendwo anders untergegangen und kommt aus weiter Ferne.*
William Wordsworth, Intimations of Immortality (Ode – Anzeichen von Unsterblichkeit)

Bevor wir über Seelenpartner überhaupt sprechen können, müssen
wir herausfinden, was eine Seele ist. In den meisten Wörterbüchern
wird sie als der spirituelle Teil eines menschlichen Wesens definiert.
Manche gehen weiter und sagen, dass sie wahrscheinlich unsterblich
ist. In der Tat ist sie dies alles und noch vieles mehr. Die Seele ist
für alle höheren Aspekte des Lebens verantwortlich, die uns zum
Menschen machen. Ohne die Seele wären wir nicht in der Lage, Liebe auszudrücken oder zu erfahren. Die erhabensten Aktivitäten im
Leben verdanken wir der Seele. Die Seele vertritt auch den lebendi-
gen Aspekt des Körpers. Wenn uns die Seele verlässt, stirbt der Körper. Folglich ist die Seele auch für all unsere Körperfunktionen verantwortlich und könnte als synonym mit dem Verstand oder Geist
betrachtet werden. Sie ist jedoch mehr als all dies. Sie verkörpert das
Leben selbst, und wenn die Seele unsterblich ist, können wir nicht
sterben. Wir gehen nur einfach in eine andere Ebene der Existenz
über. Unsere Seele existierte bereits, bevor wir dieses Leben begonnen

haben, und sie wird weiter existieren, nachdem wir es verlassen haben. John Bradshaw sagt: »Die Seele enthüllt die Tiefe und das Mysterium der Lebewesen.«[1]

William Faulkner, der amerikanische Romanschriftsteller, verriet seine Definition der Seele in seiner Ansprache anlässlich der Verleihung des Nobelpreises. Er sagte: »Ich glaube, dass der Mensch nicht nur überleben wird, er wird sich durchsetzen. Er ist unsterblich, nicht weil er als einziges aller Lebewesen eine Stimme hat, die unerschöpflich ist, sondern weil er eine Seele besitzt, einen Geist, der zu Mitgefühl, Aufopferung und Ausdauer fähig ist.«[2]

Vor vielen Jahren habe ich eine Frau kennen gelernt, die höllische Angst davor hatte, ihre Seele aus Versehen zu verlieren. Sie hatte gehört, dass dies geschehen könne, wenn sie gähnen oder niesen müsse. Folglich sagte sie immer, wenn sie niesen musste: »Gott segne mich«, um sicherzugehen, dass ihre Seele nicht entschwinden würde. Natürlich sagte sie auch immer »Gott segne dich«, wenn irgendjemand anders in ihrer Gegenwart niesen musste. Diese Dame versuchte auch, ihr Gähnen zu unterdrücken, und hielt sich den Mund immer komplett zu, um zu verhindern, dass die Seele entschlüpfen könnte, wenn sie gähnen musste. Ich habe ihr bis heute verschwiegen, dass manche Völker glauben, dass die Seele im Schlaf entschwinden kann ...[3]

Glücklicherweise ist das Wort ›Seele‹ dank der Arbeit von Thomas Moore, Michael Newton und anderen wieder in unseren Wortschatz zurückgekehrt. Im Laufe des letzten Jahrhunderts war die Vorstellung von der Seele allmählich in Vergessenheit geraten. Dies war einer der Faktoren des modernen Lebens, die Carl Jung beschäftigten.[4]

Doch das Wort ›Seele‹ kehrt allmählich wieder in unseren Wortschatz zurück. Es gab bei uns schon immer Bezeichnungen wie ›beseelt‹, ›verlorene Seelen‹, ›alte Seelen‹ und ›die Augen sind unsere Fenster zur Seele‹. Heute können wir der Liste Formulierungen hinzufügen wie etwa ›Seelennahrung‹ und ›Soulmusik‹ (›Musik für die Seele‹).

In seinem Buch »The Man Who Can Look Backward« (»Der Mann, der in der Zeit zurückschauen kann«), berichtet Noel Street über einen befreundeten Gynäkologen, der es liebt, nach der Geburt den Neugeborenen direkt in die Augen zu blicken. Er stellte fest, dass er dabei neue von alten Seelen unterscheiden kann. Einige Babyaugen waren von einem »besorgten, ängstlichen Blick« erfüllt, während andere »viel unbefangener dreinblickten, als ob sie die ›neue‹ Situation abschätzten«. Der Gynäkologe sagte dann: »Es war, als würden sie sagen: ›Also – worum geht es diesmal?‹«[5] Die Augen sind wirklich Fenster zur Seele.

Wenn wir für Seelenpartnerschaft die Definition »ein starkes Band zwischen zwei Menschen, das bereits über viele Inkarnationen hinweg existiert« übernehmen, müssen wir auch den Gedanken der Reinkarnation übernehmen.

Die Lehre von der Reinkarnation besagt, dass wir uns spirituell entwickeln, indem wir so viele Leben leben, wie erforderlich sind, um Perfektion zu erlangen. Mit anderen Worten: Obgleich unser physischer Körper und unsere Persönlichkeit sterben, ist unsere Seele unsterblich. Sie hat schon viele Leben vorher existiert, und es werden ihnen noch viele weitere folgen. Bei unserer Geburt bringt unsere Seele alles an Wissen, an Erfahrungen, an Weisheit und an Karma mit, was wir in unseren früheren Leben erlangt haben. Folglich sind die Qualitäten, die wir zum Ausdruck bringen, das Ergebnis unserer langen ›Ahnenreihe‹ früherer Leben. Was wir in diesem Leben lernen, wird ebenfalls dieser Chronik für die weitere Nutzung in zukünftigen Leben hinzugefügt. Unsere Lebensweise in diesem Leben hat direkten Einfluss auf die Lebensqualität, die wir in unserer nächsten Reinkarnation erfahren werden.

Reinkarnation ist eine sehr, sehr alte Vorstellung, die unzähligen Menschen über die Jahre Trost geschenkt hat.[6] Sie ist schon immer Teil der Lehren vieler Traditionen einschließlich des Judentums und des Christentums gewesen. Heute ist sie möglicherweise so beliebt wie nie zuvor – mindestens die Hälfte der Weltbevölkerung akzeptiert die Reinkarnation als Tatsache. In den Vereinigten Staaten ist die Akzeptanz der Reinkarnation bis heute kontinuierlich angestiegen. 1969 betrug laut einer Gallup-Umfrage der Anteil der Amerikaner, die an ein Leben nach dem Tod glauben, nahezu 20 Prozent. 1981 ergab die gleiche Umfrage, dass 23 Prozent der Amerikaner an die Reinkarnation glaubten.[7] Ende 1994 ergab eine Gallup-Umfrage, dass der Anteil der Amerikaner, die an eine Reinkarnation glauben, auf 27 Prozent angestiegen war.[8]

Der Grund dafür, weshalb so viele Menschen an die Reinkarnation glauben, besteht darin, dass sich im Laufe der Geschichte unzählige Menschen an ihre vergangenen Leben erinnert haben. Einige unter ihnen sind mit starken Erinnerungen an ihre jüngsten vergangenen Leben in ihr jetziges Leben getreten. Häufig konnten diese Informationen nachgeprüft und bestätigt werden. Dr. Ian Stevenson ist weltweit der derzeit führende Experte für Menschen, die sich bewusst an ihre früheren Leben erinnern. Er ist heute um die achtzig Jahre alt und hat die meiste Zeit seines Lebens damit verbracht, Forschungen bei seinen Klienten anzustellen und die Behauptungen von Menschen zu überprüfen, die sich an vergangene Leben erinnern.[9] Doch nur relativ wenige Menschen erinnern sich bewusst an ihre vergangenen Leben. Das bedeutet nicht, dass die meisten Menschen nicht auch schon vorher gelebt haben, da Rückführungen unter Hypnose ergeben, dass nahezu jeder Mensch dazu imstande ist, nicht nur in ein Leben, sondern in viele frühere Leben zurückzukehren.

Eines der Argumente gegen Reinkarnation lautet, dass heutzutage mehr Menschen leben als zu jedem anderen Zeitpunkt der Geschichte dieses Planeten. Die Weltbevölkerung hat sich zwischen dem ersten Jahrhundert n. Chr. und dem Jahr 1500 verdoppelt. Zwischen jenem Zeitpunkt und dem 19. Jahrhundert hat sie sich erneut verdoppelt. Seitdem hat sie sich vervierfacht. Woher kommen all diese Seelen? Es ist gut möglich, dass ständig neue Seelen geschaffen werden. Eine weitaus plausiblere Erklärung lautet jedoch, dass die

Menschen heute schneller reinkarnieren als je zuvor. In der Tat ist es durchaus wahrscheinlich, dass Sie rund 52 Jahre nach Ihrem Tod wiedergeboren werden.[10]

Helen Wambach hat auf diesem Gebiet ausgiebige Forschungen betrieben. Sie stellte fest, dass ihre Klienten die historische Wirklichkeit in erstaunlich präziser Weise wiedergaben. Ihre Klienten kehrten beispielsweise zu verschiedenen Epochen der Geschichte in exakt dem Verhältnis zurück, das der damaligen Weltbevölkerung entsprach. Sie stellte außerdem fest, dass bei all ihren Rückführungen das Verhältnis zwischen Männern und Frauen beinahe exakt gleich war, obgleich das Verhältnis von männlichen und weiblichen Klienten, die sie rückführte, stark voneinander abwich.

Wer glaubt, dass Menschen, die rückgeführt werden, sich für das Leben einer berühmten historischen Persönlichkeit entscheiden, unterliegt einem weitverbreiteten Irrtum. Ich selbst habe nicht bestätigen können, dass dies der Fall ist, und Helen Wambach stellte genau das Gleiche fest. Menschen, die rückgeführt werden, führen normalerweise kein glanzvolles, reiches, erfolgreiches Leben. Einer von Helen Wambachs Klienten versetzte sich in ein früheres Leben in Pakistan zurück, in dem er ein Krüppel war. Er wurde zum Bettler und verhungerte schließlich. Eine andere Klientin war Bardame in England und verstarb, nachdem sie von mehreren Betrunkenen vergewaltigt und geschlagen worden war. Keiner von beiden hätte bei einer Rückführung in ein früheres Leben jemals freiwillig ein solches Leben gewählt.

Helen Wambach klassifizierte die Ergebnisse, die sie über einen Zeitraum von 4.000 Jahren erhielt. Sie war imstande, Fragen zu stellen, die es ihr ermöglichten, ihre Klienten in jeder Epoche jeweils der oberen, mittleren oder unteren Schicht zuzuordnen. Das Leben in der Oberschicht wurde stets nur einer kleinen Minderheit zuteil. Die meisten Menschen führten ein Leben in der unteren Schicht. Auch dies deckt sich wieder mit der Wirklichkeit der verschiedenen Zeitrahmen, die sie untersuchte.[11]

Reinkarnation bietet auf vielen Ebenen ein befriedigendes Konzept, das hilfreich ist, um das Karma zu erklären. Hierbei handelt es sich um das Gesetz von Ursache und Wirkung. Letzten Endes erhalten wir das zurück, was wir geben. In der Bibel heißt es: »Denn was der Mensch sät, das wird er ernten.« (Galater 6,7). Wir schaffen unser eigenes Karma durch die Art und Weise, wie wir unser Leben führen. Wenn wir heute eine gute Tat tun, werden wir am Ende dafür belohnt werden, wenn auch nicht notwendigerweise in diesem Leben. Wenn wir umgekehrt jemandem schaden, werden wir letztendlich dafür bestraft werden. Sind wir in diesem Leben reich, aber faul, so werden wir zu einem gewissen Zeitpunkt hart arbeiten und um unseren Lebensunterhalt ringen müssen, um diese Erfahrung auszugleichen.

Beim Karma haben wir die freie Entscheidung. Es ist fair und logisch. Es hat nichts mit Moral zu tun und bedeutet auch keinerlei Verurteilung. In der Welt herrscht viel Ungerechtigkeit. Das Gesetz des Karmas berücksichtigt dies jedoch am Ende alles und gleicht die Posten wieder aus. Plato beschrieb dies schön, indem er schrieb: »Die Tugend hat keinen Lehrmeister. Je nachdem, ob einer sie ehrt oder verachtet, wird er von ihr mehr oder weniger bekommen. Die Verantwortung liegt bei dem, der die Wahl trifft. Bei Gott liegt sie nicht.«[12]

Karma beeinflusst auch unseren persönlichen Charakter. Während wir hier sind, um gewisse Lektionen zu lernen, erhalten wir bei der Geburt bestimmte körperliche, geistige, emotionale, psychische und spirituelle Qualitäten. Diese formen unser gesamtes Leben. Indem wir die Wirklichkeit durch die Brille dieser Qualitäten betrachten, können wir die verschiedenen Situationen erfahren, die unserem Wachstum und unserer Entwicklung förderlich sind. Natürlich begleichen wir in diesem Leben nicht nur karmische Schulden. Durch die Erfahrungen in unseren Leben und unsere Reaktionen darauf laden wir uns auch karmische Schulden auf, die später zurückgezahlt werden müssen, sei es in diesem oder in einem zukünftigen

Leben. Außerdem erhalten wir für unsere guten Taten karmische »Pluspunkte«.

Es ist nicht wichtig, was uns geschieht, sondern wie wir darauf reagieren. Wenn wir auf eine negative Situation positiv reagieren, schaffen wir definitiv gutes statt schlechtes Karma. Das bedeutet, dass wir die Lektion gelernt haben und weiterziehen können. Reagieren wir hingegen auf eine Situation auf negative Weise, indem wir wütend, gestresst, verbittert, eifersüchtig und voller Rachegelüste werden, so zeigt dies, dass wir unsere Lektion nicht gelernt haben. Folglich werden wir zu einem bestimmten Zeitpunkt erneut mit einer ähnlichen Situation konfrontiert werden. Dies wird immer wieder geschehen, bis wir schließlich diese Lektion gelernt haben. Ich habe festgestellt, dass viele Menschen geradezu identische Situationen in mehreren vergangenen Leben immer wieder erlebt haben. Offensichtlich wurde die Lektion immer und immer wieder wiederholt, bis die Seele sie schließlich gelernt hatte und imstande war, wieder weiterzuziehen.

Seinerzeit besaß ich einmal einen Buchladen. Mehrere Jahre, nachdem ich ihn verkauft hatte, bekam ich per Post einen kleinen Scheck von jemandem, der in meinem Buchladen ein Buch gestohlen hatte. Zusammen mit dem Scheck kam ein anonymer Brief, in dem sich die betreffende Person dafür entschuldigte, was sie getan hatte, und die Hoffnung ausdrückte, dass mit dieser Handlung die karmische Schuld gesühnt sein möge, die durch den Diebstahl des Buches entstanden war. Glücklicherweise war diese Person sich bewusst, was sie getan hatte, und hat den Schaden wieder gutgemacht. Viele Menschen begehen Ladendiebstahl, ohne groß weiter darüber nachzudenken. Sie verspüren in dem Augenblick kein Schuldgefühl und sind sich überhaupt nicht bewusst, dass sie damit karmische Schulden auf sich ziehen.

Nicht jeder mag die Vorstellung, dass man immer wieder zurückkehrt. Ich könnte gar nicht zählen, wie oft man zu mir gesagt hat: »Ich möchte nicht wiederkommen – einmal reicht mir völlig.« Diesen

Menschen muss ich sagen, dass sie nicht in der gleichen Form wiederkehren werden, wie sie gerade sind. Die Person, die sie gerade sind, wird schließlich sterben, und ihre gegenwärtige Persönlichkeit wird verschwinden. Ihre Seele hingegen ist unsterblich und wird letzten Endes eine neue Identität erhalten. Folglich sind es bei zwei Menschen, die sich voneinander angezogen fühlen und spüren, dass sie ›Seelenpartner‹ sind, in Wirklichkeit ihre Seelen, die in früheren Leben »Partner« waren.

Wenn wir doch schon unzählige frühere Leben erlebt haben, warum können wir uns dann nicht daran erinnern? Wahrscheinlich ist es ein Riesenglück, dass wir das nicht tun. Vergessen ist nicht immer schlecht. Stellen Sie sich einmal die Komplikationen vor, die entstehen würden, wenn wir versuchen würden, ein Leben zu leben, während wir noch ganz von den Erinnerungen an ein anderes erfüllt sind. Selbst in unserem aktuellen Leben erinnern wir uns meist nicht daran, wie wir essenzielle Fähigkeiten erlernt haben, wie etwa gehen und sprechen. Offensichtlich wird das ungeborene Kind in den letzten Phasen der Schwangerschaft in Oxytocin gebadet, einem Hormon, das vom Hinterlappen der Hirnanhangdrüse der Mutter produziert wird. Oxytocin ruft bei Versuchstieren Gedächtnisverlust hervor und könnte eine Erklärung dafür sein, weshalb wir uns nicht an unsere früheren Leben erinnern.[13]

Es ist demnach ungewöhnlich, wenn sich Seelenpartner an irgendwelche vertraulichen Details in gemeinsamen früheren Leben erinnern. Dies überrascht nicht, da ihre gegenwärtigen Persönlichkeiten keine bewusste Erinnerung an ihre früheren Leben haben. Es ist die Seele, die sich daran erinnert. Doch ihre Herzen öffnen sich weit, wenn sie sich in diesem Leben zum ersten Mal begegnen, und sie spüren sich sofort zueinander hingezogen. Jede Inkarnation stärkt und vertieft die Beziehung, bis die Betreffenden schließlich einen Zustand völliger, perfekter Liebe erreichen.

Ich werde oft darauf verwiesen, dass der Glaube an die Reinkarnation gegen die Grundprinzipien des Christentums verstößt. Auf dem Konzil von Konstantinopel im Jahre 553 n. Chr. wurde Origen für seine Lehren über die Präexistenz der Seele verurteilt. Jeder, der Origens Lehren verbreitete, wurde mit dem Kirchenbann belegt (exkommuniziert oder aus der Kirche verbannt).[14] Doch aus der Bibel ergibt sich, dass die Reinkarnation gemeinhin anerkannt war. Im Evangelium des Matthäus (16, 13-14) lesen wir:

>»Da kam Jesus in die Gegend der Stadt Cäsarea Philippi und fragte seine Jünger und sprach: ›Wer sagen die Leute, dass des Menschen Sohn sei?‹*
>Sie sprachen: ›Etliche sagen, du seist Johannes der Täufer; die anderen, du seist Elia; etliche, du seist Jeremia oder der Propheten einer.‹«

In Johannes 9,1 fragten die Jünger Jesus nach einem Mann, der blind geboren war, in der Annahme, dass er für eine Sünde bestraft wurde. »Meister, wer hat gesündigt, dieser oder seine Eltern, dass er ist blind geboren?« Offensichtlich dachten die Jünger an eine Reinkarnation, da der Mann blind geboren worden war, und jegliche Sünde in einem früheren Leben entstanden sein musste.

In den Apokryphen finden wir folgende Stelle: »Nun, ich war von Natur aus ein gutes Kind, und mir fiel eine gute Seele zu. Also, nachdem ich relativ gut war, geriet ich in einen reinen Körper« (Die Weisheit des Salomon, 8, 19-20).

Im Laufe der Zeit sind viele christliche Sekten entstanden, die an die Reinkarnation glauben. Dazu gehören die Katharer, die Paulizianer und die Bogmile.[15] Doch sie wurden allesamt vom Establishment der Kirche gegeißelt und bestraft. Giordano Bruno (1548-1600), ein führender Philosoph, Wissenschaftler und Dichter der Renaissance, wurde auf dem Scheiterhaufen verbrannt, weil er an die Reinkarnation glaubte.[16]

Andere Religionen waren hinsichtlich ihrer Akzeptanz der Reinkarnation offener. Im Koran lesen wir beispielsweise: »Gott erschafft die Lebewesen und schickt sie immer wieder zurück, bis sie zu ihm zurückkehren.«

In China gibt es ein Sprichwort, das sich sowohl auf die Reinkarnation als auch auf die Seelenpartner bezieht: »Es erfordert zehn Jahre harte Arbeit in einem früheren Leben, um das Schicksal zu erzeugen, das nötig ist, damit Sie einen Fluss im gleichen Boot mit einem bestimmten Menschen überqueren dürfen. Es erfordert dann weitere 100 Jahre Arbeit, bis Sie beide das gleiche Kopfkissen teilen dürfen.«

Gemäß der chinesischen Legende wird unser Schicksal, was unsere Ehepartner betrifft, vom »Alten Mann unter dem Mond« bestimmt, der die Füße der Jungen und Mädchen, die füreinander als Ehepartner bestimmt sind, mit einem roten Faden verbindet. Das garantiert, dass sie sich am Ende treffen werden. Damit erklärt sich auch die Volksweisheit: »Wenn das Schicksal zwei Menschen aneinander bindet, werden sie einander finden, und seien sie 1.000 Li voneinander entfernt.«[17]

Pythagoras und seine Schule lehrten die Prinzipien der Reinkarnation. Im Verlauf der gesamten Menschheitsgeschichte haben immer wieder herausragende Menschen an den Gedanken der Wiedergeburt geglaubt. Diese Vorstellungen haben auch in den Werken vieler Dichter ihren Niederschlag gefunden, wie etwa Goethe, Milton, Shakespeare, Coleridge, Poe, Longfellow, Whitman, Shelley, Southey, Wordsworth, Brownig, Blake, Yeats und Masefield. Benjamin Franklins berühmte Grabinschrift für sich selbst, die er bereits im Alter von 22 Jahren selbst verfasste, zeigt sein Interesse an diesem Thema:

Hier ruht der Leib B. Franklins,
eines Buchdruckers,
gleich dem Deckel eines alten Buches,
aus welchem der Inhalt herausgenommen
und das seiner Inschrift und Vergoldung beraubt ist
– eine Speise für die Würmer;

doch wird das Werk selbst nicht verloren sein,
sondern, wie er glaubt,
einst erscheinen
– in einer neuen, schöneren Ausgabe,
durchgesehen und verbessert
vom Verfasser.

Geschichten über Seelenpartner haben sich auch für Romanschriftsteller als Erfolg versprechend erwiesen.

William Shakespeare ist ein hervorragendes Beispiel für einen Schriftsteller, der sich der Anziehungskraft, die eine intensive Liebesgeschichte auf die Zuhörerschaft ausübt, sehr wohl bewusst war. Romeo und Julia sind ganz offensichtlich Seelenpartner. Ihre tragische Liebesgeschichte ist unendliche Male neu inszeniert worden, seitdem sie 1594 oder 1595 uraufgeführt worden war. Zwölf Jahre später benutzte er für sein Werk »Antonius und Kleopatra« die Geschichte zweier Seelenpartner, die das wahre Leben schrieb.

Romeo und Julia sind unzweifelhaft die beiden ersten Namen, die einem in den Sinn kommen, sobald das Thema Seelenpartner angeschnitten wird. Shakespeare beging in seinem eigenen Leben selbst Fehler, wenn es um die Liebe ging. Seine persönlichen Erfahrungen mögen eine Erklärung dafür sein, weshalb so viele seiner Helden sich unter dem Druck befinden, heiraten und die Erwartungen anderer erfüllen zu müssen. In »Romeo und Julia« wird Julia mit dem Grafen Paris verlobt. Wenn sie ihn heiratet, wird sie ein bequemes, angenehmes Leben führen. Beide Elternpaare würden glücklich und alles perfekt sein. Aber – sie liebt ihn nicht. Als sie Romeo begegnet, verliebt sie sich auf der Stelle. Doch er ist ein Montague und sie eine Capulet. Solch eine Liebe ist unmöglich. Julia ist jedoch eine starke Frau und folgt ihrem Herzen. Damals war das ein schwieriges, gefährliches Unterfangen. Nachdem Romeo im Kampf jemanden tötet, laufen die beiden Verliebten davon. Doch die Flucht wird vereitelt, und die Geschichte bewegt sich unerbittlich auf ihr tragisches Ende zu. Shakespeare schrieb in den beiden Schlussversen des Stückes:

Denn nie verdarben Liebende noch so
wie diese: Julia und ihr Romeo.

Im zweiten Akt in der zweiten Szene gibt es einen Hinweis darauf, dass Shakespeare dieses tragische Paar als Seelenpartner betrachtete. Romeo sagt, nachdem er Julia seinen Namen rufen hört:

Mein Leben [Meine Seele] ist's,
das [die] meinen Namen ruft.
Wie silbersüß tönt bei der Nacht die Stimme
der Liebenden, gleich lieblicher Musik
dem Ohr des Lauschers!

Shakespeares Stücke spiegeln sein bemerkenswertes Einfühlungsvermögen in die Natur der Seele wider. Das Wort ›Seele‹ bzw. ›Geist‹ taucht in seinen Werken viele Male auf. Im Folgenden einige Beispiele:

Du bist ein seliger Geist, ich bin gebunden
auf einem Feuerrad, dass meine Tränen
brennen wie flüssig Blei.

(König Lear)

Jedes Untertanen Pflicht gehört dem König,
jedes Untertanen Seele ist sein eigen.

(Heinrich V)

Ruh aus, schweife nicht länger. Jetzt verdirbt
alles Bemühen das Werk:
Kraft selber wird verstrickt
durch Kraft (...)

Weile noch,
wir woll'n dahin, wo Seelen ruh'n auf Blumen,
mit munterm Schritt die Geister staunen machen.
Dido und ihr Aeneas steh'n verlassen,
und alles schwärmt uns nach.

(Antonius und Kleopatra)

Ein Eid! Ein Eid! Ich hab 'nen Eid im Himmel.
Soll ich auf meine Seele Meineid laden?
Nicht um Venedig!

(Der Kaufmann von Venedig)

Komm', Jessica! Sieh', wie die Himmelsflur
ist eingelegt mit Scheiben lichten Goldes!
Der nicht im Schwunge wie ein Engel singt,
zum Chor der hellgeaugten Cherubim.
So voller Harmonie sind ew'ge Geister.

(Der Kaufmann von Venedig)

Obgleich es unzählige Bücher über die Leidenschaft und die Liebe gibt, die zwei Menschen füreinander empfinden, wurde über die Liebe zwischen Seelenpartnern in der Literatur nicht viel geschrieben.

Eine rühmliche Ausnahme bildet hier das Werk »The Three Gentlemen« (»Die drei Gentlemen«) von A.E.W. Mason (1865-1948), in dem drei Leben eines Mannes und einer Frau beschrieben werden, die mehr als 2.000 Jahre miteinander verbracht hatten.

Das erste Leben spielt in römischer Zeit. Attilius Scaurus ist ein junger Römer aus gutem Hause, der in die Armee in Britannien geschickt wird, nachdem er sich hoch verschuldet hatte. Er begegnet Sergia, der schönen Tochter eines reichen Briten. Als sein Regiment nach Rom zurückberufen wird, versucht er, mit Sergia Kontakt aufzunehmen, wird jedoch von den Dienern seines Vaters aufgegriffen und am Ende getötet.

25

Im zweiten Leben ist der Held Anthony Scarr, der sich in Sylvia verliebt, die Schwester eines reichen Freundes. Königin Elizabeth I kommt zu seinen Freunden auf Besuch. Im Verlauf des Wochenendes bewirkt Anthony, dass er und Sylvia vor der Königin in Ungnade fallen und in eine sehr peinliche Situation geraten.

Sir Francis Walsingham, der Hauptspion der Königin, hat Anthony schon länger beobachtet und macht den Vorschlag, für ihn eine Zeit lang in Übersee zu arbeiten. Anthony spielt bei Englands Erfolg über die spanische Armada eine tragende Rolle, wird jedoch gefangengenommen und erhängt.

In seinem dritten Leben im 20. Jahrhundert ist er Adrian Shard. Er verliebt sich in die Stieftochter eines Kabinettsministers, Sonja. Adrian wird der Privatsekretär des Ministers und entdeckt nach einer Weile, dass hinter den Kulissen viele dunkle Machenschaften ablaufen. Der Minister und seine Frau sind gegen die Heirat, weil sie eingefädelt haben, dass Sonja einen Finanzier zweifelhaften Rufes heiraten soll. Der Minister und der Finanzier verschwören sich und planen, Adrian ihre Machenschaften in die Schuhe zu schieben. Adrian überlistet sie jedoch und heiratet schließlich seine Seelenpartnerin beinahe 2.000 Jahre nach ihrer ersten Begegnung.

Ein interessanter Aspekt an diesem Buch ist die Art und Weise, wie die Helden sich allmählich an Schlüsselsituationen ihrer früheren Inkarnationen erinnern, so dass es zu einem echten Seelenpartnerroman wird.

Die Bibliothek für Reinkarnationsliteratur hat dieses Buch kürzlich veröffentlicht sowie auch einen weiteren Seelenpartnerroman mit dem Titel »Many, Many Times« (»Viele, viele Male«) von James Riddell. Dieses Buch beschreibt die leidenschaftliche Liebesaffäre eines verheirateten Mannes mit seiner Seelenpartnerin.[18] »After Death« (»Posthum«) von Ivan Turgenev hatte ebenfalls das Thema Seelenpartner zum Inhalt.

Ein Titel, der sich fast als Seelenpartnerbuch qualifizieren kann, ist der Roman »Peter Ibbetson« von George du Maurier (1834-

1896).[19] In Paris geboren, wurde er später Künstler und Buchillustrator. Seine Karriere als Schriftsteller begann er, als er sich dem Team des Magazins ›Punch‹ anschloss und regelmäßig eine Kolumne schrieb, in der er das Leben der Oberschicht in milden Satiren darstellte. Sein berühmtestes Werk ist »Trilby«. Es wurde 1894 veröffentlicht und ist heute noch im Druck. »Peter Ibbetson« wurde 1891 veröffentlicht. Sein letztes Buch, »The Martian« (»Der Marsmensch«), wurde nach seinem Tod 1896 veröffentlicht.

»Peter Ibbetson« beginnt damit, dass ein kleiner Junge und ein kleines Mädchen in den Straßen von Paris miteinander spielen. Unglücklicherweise sterben die Eltern des Jungen. Er wird nach London gebracht, wo er von einem entfernten Onkel großgezogen wird. Er nimmt den Familiennamen seines Onkels an und vergisst allmählich seine Kindheit in Paris.

Viele Jahre später trifft er auf einer Party eine schöne Frau, von deren Charme er ganz gefesselt ist. Jemand erzählt ihm, dass sie die »Herzogin der Türme« sei. Obgleich er sie nicht anspricht, geht sie ihm nicht mehr aus dem Kopf.

Einige Zeit später kehrt Peter nach Paris zurück und besucht die Gegend, wo er seine frühe Kindheit verbracht hat. Zu seiner völligen Überraschung fährt die Herzogin der Türme in einer Kutsche an ihm vorbei.

In jener Nacht träumt er von ihr, und der Traum ist lebendiger als alles, was er bisher erlebt hat. Er kehrt völlig verwandelt nach London zurück. Jede Nacht hat er die unglaublichsten Träume über sie beide. Beim Erwachen kann er sich an jedes Detail erinnern.

Peter wird zu einer Dinnerparty eingeladen, bei der die Herzogin der Türme ebenfalls anwesend ist. Er befragt seinen Tischnachbarn über sie und erfährt zu seinem Entsetzen, dass sie das kleine Mädchen war, mit dem er als Kind immer gespielt hatte. Er kann es nicht fassen, dass er sie nicht erkannt hat.

Am nächsten Morgen begegnet er der Herzogin wieder und erklärt ihr, wer er ist. Sie fällt beinahe in Ohnmacht, da sie exakt die gleichen

Träume gehabt hat wie Peter. Die Herzogin besteht darauf, dass sie sich trennen und nie mehr sehen mögen.

Peter ist am Boden zerstört. Irgendwie kann er in seinen Träumen nicht mehr mit ihr kommunizieren. Er verbringt ein schreckliches Jahr, das darin gipfelt, dass er einen Streit mit seinem Onkel hat und ihn dabei versehentlich tötet.

Er wird des Mordes angeklagt und zu lebenslänglicher Haft verurteilt. Peter hat das verzweifelte Bedürfnis, der Herzogin der Türme die Vorfälle zu erklären. Er beginnt, ihr einen Brief zu schreiben, schläft darüber jedoch ein. Die Herzogin erscheint ihm im Traum und verspricht, ihm einen Brief zu schreiben. Dieser Brief kommt am nächsten Morgen an. Von diesem Tag an treffen sie sich wieder jede Nacht in ihren Träumen. Obwohl sie mit der Zeit älter werden, bleiben sie in ihren Träumen ewig jung.

Schließlich stirbt die Herzogin. Peter versucht, sich zu Tode zu hungern, es gelingt ihm jedoch nicht. Eines Nachts kehrt er in seinen Träumen in das Haus seiner Kindheit in Paris zurück. In diesem Traum ist er nicht mehr jung, sondern schleppt sich dahin. Schließlich findet er sich am Strand wieder, wo die Herzogin im Sand auf ihn wartet.

Sie erklärt, dass sie unter enormen Schwierigkeiten zurückgekehrt sei, um ihm zu sagen, dass sie unzertrennlich sind und der Tod nicht das Ende ist. Sie werden auf ewig beisammen sein.

Dies ist eine extrem knappe Zusammenfassung eines bemerkenswerten Werkes. Leider ist »Peter Ibbetson« derzeit nicht im Druck, doch es hat im Laufe der Jahre viele Auflagen gegeben, sodass es im Secondhand-Buchhandel leicht erhältlich ist. Es ist durchaus eine Recherche wert. Die Geschichte von »Peter Ibbetson« hat im Laufe der Jahre selbst zwei ›Reinkarnationen‹ erlebt. 1915 wurde eine dramatisierte Version davon zu einem äußerst erfolgreichen Stück, das sowohl in London als auch in New York produziert wurde, und 1931 wurde Deem Taylors Opern-Version von der Metropolitan Opera Company aufgeführt.

Es gibt viele Kurzgeschichten aus vielen verschiedenen Kulturkreisen, die von zwei Verliebten handeln, die auch der Tod nicht scheiden kann. Die klassische Geschichte von Isis und Osiris ist ein gutes Beispiel hierfür. Der Glaube an die Reinkarnation lässt sich bis in prähistorische Zeiten zurückverfolgen. Es fällt nicht schwer, sich vorzustellen wie Menschen vor Tausenden von Jahren ganz hingerissen zuhörten, wenn ein Märchenerzähler eine spannende Geschichte über zwei Seelenpartner gesponnen hat.

Die Reinkarnation war in der Literatur schon immer ein beliebtes Thema gewesen. Jack Londons Romane »Before Adam« (»Vor Adam«) und »The Star Rover« (»Der Superpirat«) sind hervorragende Beispiele hierfür, ebenso wie »I Live Again« (»Ich lebe wieder«) von Warwick Deeping. H. Rider Haggard war fest von der Reinkarnation überzeugt und erinnerte sich an Leben in Norwegen, Afrika und Ägypten. Sein klassischer Roman »She« (»Sie«) handelt von einer Heldin, die sich an ihre früheren Leben erinnern kann.

»The Nazarene« (»Der Mann aus Nazareth«) von Sholem Asch handelt vom Leben und von der Kreuzigung Jesu. Ein älterer Pole stellt einen jungen Juden ein, um ihm dabei zu helfen, ein altes hebräisches Dokument zu übersetzen. Er glaubt dem jungen Mann, dass er sich an ein früheres Leben in Jerusalem erinnern kann, in dem er ein römischer Beamter war, der an der Kreuzigung Jesu beteiligt war. Der junge Mann schreibt seine Geschichte nieder und erinnert sich dabei immer besser an ein früheres Leben, das er zur Zeit Jesu in Jerusalem verbracht hatte. Er schreibt auch seine Memoiren nieder. Die Schriftrolle, die sie übersetzen, entpuppt sich als die Geschichte des Evangeliums, wie sie von Judas Iscariot erzählt wurde. Folglich enthält das Buch drei verschiedene Versionen der Geschichte Jesu. Es überrascht nicht, dass dieses Werk ein Bestseller wurde, als es 1939 erschien.

»Bunker Bean« von Harry Leon Wilson ist eines meiner Lieblingsbücher. Man kann es auf mehreren Ebenen lesen: als humoristischen

Roman, als Motivationsbuch und als Reinkarnationsroman. Bunker Bean war ein schüchterner, stiller Mann, dem ein Wahrsager erzählt hatte, dass er die Reinkarnation von Napoleon Bonaparte und die eines ägyptischen Königs sei. Er konnte es nicht glauben, dass er, der absolute Versager in diesem Leben, in der Vergangenheit über große Teile der Welt regiert hatte. Er las, so viel er konnte, über Napoleon, und lebte nach dem Vorbild des Mannes, der er einmal gewesen war. Er verwandelte sich und wurde schließlich Industriechef. Dann entdeckte er, dass der Wahrsager ein Betrüger war, doch die Entdeckung erfolgte zu spät, denn Bunker Bean war nun bereits eine äußerst erfolgreiche Persönlichkeit.[20]

Mark Twains wahre Geschichte »My Platonic Sweetheart« (»Meine platonische Liebe«) könnte ebenfalls als Seelenpartnerroman durchgehen. Sie erzählt von einem wiederkehrenden Traum, den Mark Twain 40 Jahre lang von einem 15-jährigen Mädchen hatte, zu dem er eine tiefe, unschuldige Liebe empfand.

Das Thema Reinkarnation taucht sogar in der Musik auf. Richard Wagner glaubte zutiefst an die Reinkarnation, und ›Der fliegende Holländer‹ könnte als spannende Reinkarnationsgeschichte beschrieben werden. ›Der fliegende Holländer‹ war ein Phantomschiff. An Bord ereignete sich ein Mord. Seitdem machte das Schiff die See unsicher und versuchte verzweifelt, in Table Bay einzulaufen. Kapitän Frederick Marryat schrieb unter dem Titel »The Phantom Ship« (»Das Phantomschiff«) einen Roman über diese Legende (1839). Einmal begann Richard Wagner eine Oper auf der Basis des Themas der Reinkarnation unter dem Titel »Die Sieger«. Doch er komponierte sie nie zu Ende und verwendete letztlich einige Musikstücke davon in ›Parzival‹.[21]

Es gab und gibt auch viele Theaterstücke und Kurzgeschichten mit einem Reinkarnationsthema. J. B. Priestleys »I Have Been Here Before« (»Ich war schon einmal hier«) war ein beliebtes Stück, das auch den Beifall von Kritikern fand. J. D. Salinger schrieb eine bemerkenswerte Kurzgeschichte, »Teddy«, über einen zehnjährigen amerikanischen Jungen, der sich an sein früheres Leben als Hindu Yogi erinnern konnte.[22]

Reinkarnation ist außerdem schon immer ein beliebtes Thema für Filme und Fernsehsendungen gewesen. Das Musical »On a Clear Day You Can See Forever« (»An einem klaren Tag kann man bis in die Ewigkeit schauen«) wurde zum Film. »Switch« und »Goodbye, Charlie« sind weitere Beispiele. »My Mother the Car« (»Meine Mutter, das Auto«) handelte von einer Frau, die als Auto ›rein-carnierte‹. »One Step Beyond« (»Ein Schritt zu weit«) und »The X-Files« (»Akte X«) beweisen das dauerhafte Interesse an Themen wie Reinkarnation.

Jeder Mensch hat eine Seele. Seit Tausenden von Jahren haben Religionen gelehrt, dass die Seele unsterblich ist. Die alten Griechen hatten eine dualistische Sicht des Universums, das sie in Materie und Geist teilten. Sie glaubten, dass die Materie vergänglich ist und stirbt, der Geist jedoch unvergänglich ist. Folglich stirbt der Mensch, da er aus Materie ist, natürlich, die immaterielle Seele jedoch ist unsterblich.

In seinem Werk »Die Republik« argumentiert Plato, dass die Seele unsterblich ist. Er fragt seinen Freund Glaucon, ob es zutrifft, dass das Gute von Dauer und Nutzen ist und das Böse Zerstörung und Schaden bringt. Glaucon stimmt natürlich zu. Platon fragt ihn daraufhin, ob das Böse letztendlich alles verletzt und zerstört, was es befällt. Er führt Krankheit und den menschlichen Körper als Beispiel an. Glaucon stimmt wieder zu. Platon fragt ihn dann, ob die Seele irgendwelche Qualitäten besitzt, die sie böse machen könnten. Glaucon sagt, dem sei so, und führt Ungerechtigkeit, Zügellosigkeit, Feigheit und Unwissenheit als Beispiele an. Da fragt ihn Plato, ob diese Dinge die Seele zerstören oder auflösen können. Glaucon muss zugeben, dass dem nicht so ist.

Platon fährt fort: »Wenn es nichts Schlechtes gibt, weder bei ihr selbst noch bei einem anderen, das die Seele zerstört, so muss sie offensichtlich für immer existieren. Wenn sie für immer existiert, muss sie auch unsterblich sein.«[23]

Der griechische Glaube an die Unsterblichkeit der Seele wurde treffend in der ruhigen Art und Weise demonstriert, in der Sokrates seinem Tod entgegenging. Wie Plato glaubte auch er, dass die Seele im Körper gefangen sitzt und durch den Tod wieder freigesetzt wird. Folglich trank er den Schierlingsbecher in der Überzeugung, dass er mit den Göttern ein viel besseres Dasein haben würde als in einem Leben hier auf Erden.

Da die Seelen unsterblich sind, leben sie jenseits der Zeit. Ihre Seele hat bereits mit den vielen verschiedenen Persönlichkeiten und Körpern all der Menschen gelebt und gearbeitet, die vor ihnen gelebt haben. Ihre Seele hat bei jeder Inkarnation Neues gelernt, ist gewachsen, hat sich weiterentwickelt. Im gegenwärtigen Leben entwickelt sie sich noch weiter. Die Art und Weise, wie Sie Ihr Leben führen möchten, spielt für den Prozess, den Ihre Seele vollziehen kann, eine große Rolle. Ein durch und durch schlechter Mensch ist jemand, dessen Persönlichkeit nicht imstande ist, sich mit seiner Seele zu verbinden. Dies verlangsamt natürlich die Entwicklung der Seele. Ein wahrhaft guter Mensch besitzt eine Persönlichkeit, die mit seiner Seele in Harmonie steht. Es ist unmöglich zu erkennen, wo der eine Zustand endet und der andere beginnt.

Unsere Persönlichkeit gibt uns unsere guten und schlechten Qualitäten und Emotionen. Unsere Seele jedoch verleiht uns Mitgefühl und Liebe. Folglich lieben sich Seelenpartner auf tiefster Seelenebene. Diese Liebe übersteigt bei weitem die Liebe zwischen zwei Individuen, die keine Seelenpartner sind.

Dies trifft sogar auf unromantische Seelenpartnerschaften zu. Seelenpartner werden zueinander geführt, um an einer bestimmten Aufgabe zu arbeiten. Eine Liebesbeziehung ist das, was einem als Erstes in den Sinn kommt, wenn man an Seelenpartner denkt. Doch die Vielfalt der möglichen Aufgaben ist grenzenlos. Es könnte sich um die Begleichung einer karmischen Schuld handeln, oder darum, an einem reizvollen Projekt zu arbeiten, das beide Partner fasziniert. Die Beziehung mag nur für die Dauer der Zeit halten, die nötig ist, um diese Aufgabe zu erfüllen. Doch das starke Band der Liebe wird für andere sichtbar sein, selbst wenn es von den Betroffenen nicht erkannt wird.

Vor vielen Jahren kam ein Mann zur Hypnotherapie zu mir, weil er sich Gedanken darüber machte, dass er homosexuelle Tendenzen entwickeln könnte. Er komponierte gemeinsam mit einem älteren Mann eine Oper. Folglich verbrachten sie viel Zeit in der Gesellschaft des anderen, während sie an diesem Projekt arbeiteten. Sie waren beide von der Oper hellauf begeistert und dachten kaum mehr an andere Dinge. Es ist wenig verwunderlich, dass dieser junge Mann das Gefühl hatte, sich in seinen Partner zu verlieben, während sie ihre ganze Zeit miteinander verbrachten, um an etwas zu arbeiten, was sie als höchst wichtig erachteten.

In der Tat war dieser junge Mann, ohne es zu wissen, einem seiner Seelenpartner begegnet. Ganz offensichtlich handelte es sich hierbei nicht um eine romantische Bindung, sondern um eine wertvolle Seelenpartnererfahrung, bei der zwei Menschen an einer wichtigen Sache gemeinsam arbeiteten. Als die Oper fertig gestellt und aufgeführt worden war, gingen die beiden Männer wieder getrennte Wege. Doch sie waren infolge der gemeinsamen Zeit innerlich gewaltig gewachsen.

Die meisten Menschen glauben, dass sie eine Seele besitzen, doch nicht jeder kann akzeptieren, dass seine Seele schon unzählige frühere Leben erlebt hat. Dies rührt daher, weil die Erinnerung an frühere Leben auf Seelenebene gespeichert wird, und wir damit in Kontakt kommen müssen, um uns an unsere früheren Erfahrungen zu erinnern. Es gibt eine ganze Reihe von Methoden, die wir einsetzen können, um unsere früheren Leben zu entdecken. Für die meisten Menschen besteht der einfachste Weg in einer Rückführung in vergangene Leben. Damit wollen wir uns im nächsten Kapitel eingehender beschäftigen.

2

Rückführung in frühere Leben

Ich war schon einmal hier,
doch wann oder wie, kann ich nicht sagen.
Ich kenne das Gras draußen vor der Tür,
den süßen, durchdringenden Geruch.
Das Seufzen im Wind, die Lichter entlang der Küste.

Du warst schon früher mein,
wie lange das her ist – ich weiß es nicht.
Doch als du nach der auffliegenden Schwalbe
dich hast umgewandt,
da fiel ein Schleier – und ich wusste plötzlich alles über dich.
Dante Gabriel Rossetti, »Sudden Light«

In den 70er Jahren wurden Rückführungen in vergangene Leben extrem beliebt. Seitdem ist das Interesse daran ungebrochen geblieben. Vor 25 Jahren war es relativ ungewöhnlich, wenn jemand zu mir kam und um eine Rückführung in ein früheres Leben bat. Heute kommt es manchmal vor, dass mich drei bis vier Menschen an einem einzigen Tag besuchen.

35

Das hat mehrere Gründe. Das Interesse an der Reinkarnation wächst beständig, und immer mehr Menschen werden neugierig und möchten wissen, was sie in ihren früheren Leben gemacht haben. In der Tagespresse finden sich heute weit mehr Informationen über vergangene Leben. Dies hat bei den Menschen den Wunsch geweckt, ihren eigenen Hintergrund zu erforschen. Eine ganze Reihe von Filmstars und weiteren Persönlichkeiten des öffentlichen Lebens haben ihren Glauben an die Reinkarnation kundgetan, was das Interesse natürlich noch gesteigert hat. Außerdem sprechen Menschen, die sich in ihre früheren Leben haben rückführen lassen, über diese Erfahrung, und das schafft ebenfalls mehr Interesse.

Es wurden bereits nahezu 100 Jahre lang Rückführungen praktiziert, bevor es zu dem großen Boom in den 70er Jahren kam. Ein Spanier namens Colavida begann 1887 mit der Rückführung in frühere Lebensjahre. Dr. Mortis Stark soll der Erste gewesen sein, der damit experimentiert hat, Menschen in ihre früheren Leben zurückzuführen. Das war 1906.[1]

Doch möglicherweise war er nicht der Erste. Der Vater der Rückführungen unter Hypnose war Leutnant Colonel Albert de Rochas (1837-1914). Er war ein produktiver Autor und Seelenforscher. Er veröffentlichte seine Erkenntnisse erstmals 1911, hatte jedoch schon viele Jahre zuvor Forschungen betrieben. Er unternahm zahllose Rückführungen in vergangene Leben, war jedoch beständig frustriert über die Tatsache, dass er nicht imstande war, die Richtigkeit der oft sehr detaillierten Berichte über vergangene Leben, die man ihm erstattete, wissenschaftlich zu beweisen.

In seinem Buch »Successive Lives« (»Ein Leben nach dem anderen«) beschrieb Colonel de Rochas seine Experimente mit seiner Köchin Josephine.[2] Sie war ein hervorragendes Medium und lieferte detaillierte Berichte von zwei früheren Inkarnationen. In einer von beiden war sie ein Mann namens Jean Claude Bourdon, der in Champvent geboren und im siebten Artillerieregiment in Besancon gewesen war. In ihrem nächsten Leben war sie eine Frau namens

Philomene Charpigny, die einen Mann namens Carteron heiratete. Es war ganz klar, dass sie nichts über all diese Menschen wusste. Colonel de Rochas verbrachte mehrere Monate damit, die Einzelheiten, die sie ihm geliefert hatte, zu überprüfen und zu bestätigen. Obgleich alles perfekt überprüft werden konnte, wurde es zu de Rochas Kummer nicht als Beweis für die Reinkarnation anerkannt.

Eines der besten Medien von Colonel de Rochas war ein 18-jähriges Mädchen namens Marie Mayo. Einmal erinnerte sie sich an den Tod ihres Ehemannes in einem Schiffswrack sowie daran, wie sie sich selbst voller Verzweiflung von einer Klippe ins Meer hinabstürzte und ertrank. Sie erinnerte sich auch an ein Leben als Charles Mauville, einem Angestellten in Paris unter der Herrschaft von Ludwig XVII. Er war ein Mörder und starb im Alter von 50 Jahren. In einem anderen Leben war sie Madeleine de Saint-Marc, die Ehefrau eines französischen Adligen. Colonel de Rochas ging mit Marie Mayo weiter als bisher. Ein Jahr später machte er erneut eine Rückführung mit ihr und fand heraus, dass sie exakt die gleichen Details wie zuvor nannte.[3]

Colonel de Rochas machte sich über seine Rückführungen in vergangene Leben viele Gedanken und stellte vier Hypothesen auf, um diese zu erklären. Die erste Möglichkeit bestand darin, dass die Person einfach träumte. Doch de Rochas bezweifelte, dass Menschen von mehreren völlig verschiedenen früheren Leben träumen konnten. Die zweite Annahme lautete, dass die betreffende Person unbewusst Informationen aus den Unterhaltungen ihrer Eltern aufgefangen hatte. Wiederum hatte de Rochas das Gefühl, dass dies die Erklärung für ein früheres Leben sein könnte, jedoch nicht für mehrere. Sein dritter Vorschlag war, dass der Betreffende während seiner Schulzeit eine gewisse Anzahl historischer Fakten gelernt hatte und diese unbewusst benutzte, um ein früheres Leben zu kreieren. Seine letzte These lautete, dass die betreffende Person tatsächlich in der Vergangenheit gelebt hatte und folglich jede kleinste Information, die erwähnt wurde, auf ihren Wahrheitsgehalt hin überprüft werden musste.[4]

Colonel de Rochas spielte insofern eine wichtige Rolle, indem er das Interesse an Rückführungen in vergangene Leben mit Erfolg weckte. Leider machte er einen großen Fehler. Er bestand darauf, dass seine Klienten, wenn er der Länge nach über ihren Körper fuhr, in ein früheres Leben zurückgehen würden. Strich er jedoch quer über ihren Körper, so begaben sie sich in ein zukünftiges Leben. Andere führende Forscher jener Zeit stritten dies ab. Doch Colonel de Rochas bestand hartnäckig darauf, dass dem so sei. Diese Meinungsverschiedenheit führte dazu, dass viele Menschen den Gedanken an die Reinkarnation fallen ließen.

Seit der Zeit von Rochas haben viele Menschen in verschiedenen Teilen der Welt Rückführungen in vergangene Leben erforscht. In Schweden führte John Björkhem (1910-1963) Hunderte von Rückführungen durch und war imstande, viele der Entdeckungen im Nachhinein zu beweisen. Dr. Alexander Cannon, ein britischer Psychiater, tat sein Bestes, um den Gedanken der Reinkarnation durch Beweise zu widerlegen. Er änderte jedoch seine Meinung, nachdem er mehr als 1.000 Rückführungen unter Hypnose durchgeführt hatte. In Russland betrieb Varvara Ivanova Forschungen über Rückführungen in vergangene Leben und kam zu der Schlussfolgerung, dass wir immer und immer wieder mit den gleichen Problemen konfrontiert werden, bis wir die Lektionen gelernt und gemeistert haben.[5] In jüngerer Zeit haben die Arbeiten von Dr. Edith Fiore, Dr. Bruce Goldberg, Jeffrey Iverson, Dick Sutphen, Dr. Helen Wambach und Dr. Brian L. Weiss eine wichtige Rolle dabei gespielt, das Bewusstsein der Öffentlichkeit für die Überprüfung des Wahrheitsgehaltes von Rückführungen in frühere Leben zu sensibilisieren.

Edgar Cayce, ›der schlafende Prophet‹, war eine große Hilfe, um das Interesse an der Reinkarnation zu fördern. Über einen Zeitraum von 21 Jahren bot er etwa 2.500 »Lebenslesungen« von Menschen, wobei Einzelheiten aus ihren vergangenen Leben mit auftauchten. Dies war für Cayce, der ein überzeugter Christ war und 40 Jahre lang jedes Jahr einmal die gesamte Bibel durchlas, zunächst ein Ärgernis.

Die Vereinigung für Forschung und Erleuchtung (Association for Research and Enlightenment, ARE) hat sich dem Studium der Erkenntnisse verschrieben, die Edgar Cayce hatte.

Die 14 Millionen Worte, die er in Trance gesprochen hatte, wurden auf mehr als 90.000 Schreibmaschinenseiten festgehalten. Allein das Stichwortverzeichnis ist auf mehr als 200.000 Karteikarten gespeichert. Vor einigen Jahren hatte ich das Privileg, diese zu sehen zu bekommen, als ich die ARE in Virginia Beach in Virginia besuchte.

Zweifellos ist der spektakulärste Fall einer Rückführung in ein früheres Leben der Fall von Bridey Murphy. 1952 experimentierte Morey Bernstein, ein junger Geschäftsmann aus Colorado, mit Hypnose und glaubte, es sei interessant zu prüfen, ob es möglich sei, Menschen in eine Zeit vor ihrer Geburt zurückzuversetzen und herauszufinden, auf welche Erinnerungen man stoßen würde. Interessanterweise war es ein Buch von Dr. Alexander Cannon zu diesem Thema, das sein Interesse geweckt hatte. Die Person, die bereit war, sich rückführen zu lassen, war Virginia Tighe, eine junge verheiratete Frau. (In dem Bestseller, den Morey Bernstein über seine Erkenntnisse geschrieben hatte, ist sie als ›Ruth Simmons‹ bekannt. Dies tat man, um ihre Privatsphäre zu schützen.⁶) Sie erwies sich als hervorragendes Medium. In sechs Sitzungen, die aufgezeichnet wurden, versetzte sie sich in ein Leben als Bridey Murphy im Irland des 19. Jahrhunderts zurück. Sie war 1798 als Tochter von Duncan und Kathleen Murphy in der Grafschaft Cork geboren worden. Ihr voller Name lautete Bridget Kathleen Murphy. Ihr Vater war Rechtsanwalt. Sie hatte einen älteren Bruder namens Duncan und einen jüngeren Bruder, der als Baby verstorben war. Bis zum Alter von 15 Jahren ging sie in eine Schule, die von einer gewissen Mrs. Strayne geleitet wurde. Ihr Bruder heiratete später Mrs. Straynes Tochter. Obgleich sie Protestantin war, heiratete Bridey Sean Joseph MacCarthy, einen Katholiken. Sie richteten zwei Hochzeitsfeiern aus, eine in Cork, die andere in Belfast. Ihr Mann war Richter und hatte später einen Lehrstuhl an der Queens Universität in Belfast. Bridey hatte keine

Kinder und starb im Alter von 66 Jahren, nachdem sie in einem Treppenhaus die Stiegen hinabgestürzt war.

Leider wurde in Irland vor 1864, in dem Jahr, als Bridey starb, über Geburten, Eheschließungen oder Todesfälle nicht Buch geführt, so dass diese Details nicht überprüft werden konnten. Doch alle Läden, die Bridey nannte, existierten. Der kuriose irische Dialekt, den sie sprach, enthielt so manche Worte, die heute nicht mehr in Gebrauch sind, damals jedoch gebräuchlich waren. Sie benutzte beispielsweise das Wort ›brates‹ (›ein Wunschkelch‹), ›lough‹ (ein See oder Fluss) und ›flats‹ (Teller). Sie beschrieb die Möbel, die Geldmünzen, die Küchenutensilien, die Tänze des Tages, die Bücher und sogar die neue Straßenbeleuchtung in Belfast ganz genau. Obgleich man versucht hat, ihre Geschichte zu widerlegen, lässt sich die unglaubliche Menge exakter Details, die während der Rückführug durchkamen, nur schwer leugnen. Zum Abschluss einer Sitzung führte sie den ›Morning Jig‹ (Wipptanz am Morgen) vor und gab das komische Gähnen am Ende des Tanzes korrekt wieder.

Ein Detail, auf das sich die Skeptiker stürzten, war Brideys Beschreibung eines Metallbettes, da man der Meinung war, dies sei in Irland nicht vor 1850 in Gebrauch gewesen. Doch Forschungen ergaben, dass sie sogar schon im Jahre 1802 angeboten worden waren. Allmählich verflog die Skepsis, und es wurden mehr und mehr Details bestätigt. William J. Barker, ein Reporter der ›Denver Post‹, verbrachte drei Wochen in Irland und kam zu der Überzeugung, dass die grundlegenden Fakten wahr waren. Er schrieb einen Bericht über den Fall, der 19.000 Worte umfasste und am 11. März 1956 als 12-seitige Beilage in der Zeitung erschien. Spätere Ausgaben des Buches von Morey Bernstein enthalten zwei zusätzliche Kapitel von William Barker, in welchen er die Beweise aufführt, die er fand und die die von Unwissenheit zeugenden Annahmen der Reporter widerlegten, die behaupteten, es sei alles nur ein Scherz.[7]

Morey Bernsteins Buch »The Search for Bridey Murphey« (»Auf der Suche nach Bridey Murphy«) wurde mehr als 1 Million Mal verkauft und später ein erfolgreicher Kinofilm. Es brachte auch ein ›Reinkarnationsfieber‹ ins Rollen, das vom Life Magazin als »Hypnotizitis« diagnostiziert wurde. Das Buch wurde in mehr als 50 Zeitungen als Fortsetzungsserie veröffentlicht. Es wurde ein Dokumentarfilm darüber gedreht. Eine LP über eine der Trance-Sitzungen verkaufte sich Zehntausende von Malen. Man schrieb Songs zum Thema: »Do You Believe in Reincarnation?« (»Glaubst du an die Reinkarnation?«), »The Love of Bridey Murphy« (»Bridey Murphys Liebesgeschichte«) und »The Bridey Murphy Rock and Roll« (»Der Bridey Murphy Rock and Roll«), man hielt Partys nach dem Motto »Komm' so, wie damals« und erfand sogar Cocktails zu diesem Thema.

Zwanzig Jahre später erregten die berühmten »BloxhamAufnahmen« nahezu genauso viel Aufsehen. Arnall Bloxham war ein Hypnotherapeut aus Cardiff, der mehr als 20 Jahre lang Menschen in frühere Leben zurückgeführt hatte. Er war ein Mann von gutem Leumund, der schon immer an die Reinkarnation geglaubt hatte. Er wurde 1972 Präsident der Britischen Gesellschaft für Hypnotherapeuten.

Mit den Jahren hatte er eine wertvolle Sammlung von mehr als 400 Tonbandaufnahmen der Sitzungen aufgebaut. Jeffrey Iverson, ein Produzent der BBC, hörte am Rande einer Party im Jahre 1974 mehr zufällig davon. Er war stets auf der Suche nach interessanten Themen und stattete dem in die Jahre gekommenen Hypnotherapeuten einen Besuch ab. Dieser willigte ein, an einer Fernsehdokumentation mitzuwirken. Nachdem er sich die Aufnahmen angehört hatte, wählte Jeffrey Iverson diejenigen aus, von welchen er glaubte, sie überprüfen lassen zu können. Zwei der besten Medien von Arnall Bloxham, Jane Evans und Graham Huxtable, willigten ein, in der Sendung aufzutreten und sich in ihre früheren Leben zurückversetzen zu lassen. Graham Huxtable versetzte sich in ein Leben als Seemann auf einer Fregatte der königlichen Marine zurück, die im Einsatz gegen die Franzosen war. Jane Evans ließ sich in sieben verschiedene Leben zurückführen. In dreien davon waren die Einzelheiten unglaublich. Das früheste spielte sich 300 Jahre vor Christus in York ab. In jenem Leben nannte man sie Livonia. Sie war mit Titus verheiratet, dem Tutor des jüngsten Sohnes von Konstantin, dem Herrscher von Britannien.

Ihr nächstes bedeutsames Leben spielte sich ebenfalls in York ab, und zwar 1190. Sie hieß Rebecca und war mit Joseph verheiratet, einem reichen jüdischen Geldverleiher. Es herrschten starke antijüdische Strömungen, und die Familie war zur Flucht gezwungen, nachdem Räuber ins Haus der Nachbarn eingebrochen waren und die Bewohner getötet hatten. Zu ihrem Unglück hatten sie zu lange gewartet und konnten nur bis zum Schloss von York flüchten. Schließlich fanden sie Zuflucht in der Krypta unter der Kirche. Doch Soldaten fanden die Familie, und sie wurden alle getötet.

Ihr letztes bedeutsames Leben verbrachte sie als junge, ägyptische Sklavin namens Alison im Frankreich des Mittelalters. Sie gehörte zum Haushalt von Jacques Coeur, einem reichen Kaufmannsprinzen. Sie kannte alle seine Intrigen und seinen Sündenfall, nachdem die Mätresse des Königs verstorben war. Es waren Gerüchte im Umlauf, dass Jacques Coeur sie vergiftet hatte, und er wurde schließlich verhaftet und ins Gefängnis gebracht. Zuvor händigte er Alison Gift aus, und sie beging nach seiner Verhaftung Selbstmord.

All diese spannenden Berichte erregten großes öffentliches Interesse, als sie als Dokumentationsbericht von Jeffrey Iverson im Fernsehen unter dem Titel »More Lives Than One« (»Mehr als nur ein Leben«) gezeigt wurden. Dies war ebenfalls der Titel eines berühmten Buches, das er später zu diesem Thema schrieb.[8] Wieder regten sich die skeptischen Stimmen, doch obgleich sie imstande waren, mögliche Alternativen für viele der Geschichten vorzulegen, gab es für ausschlaggebende Ereignisse keine Erklärung.

Zur Zeit der Dreharbeiten des Dokumentarfilms glaubte beispielsweise niemand, dass es unter einer Kirche in York Krypten geben könne, geschweige denn ausgerechnet unter der Kirche, die als diejenige identifiziert wurde, in der Rebecca und ihre Familie Schutz gefunden hatten. Die richtige Krypta wurde erst nach der Ausstrahlung der Fernsehsendung entdeckt.[9]

Meine ersten Nachforschungen zum Thema Seelenpartner unternahm ich im Rahmen meiner Hypnotherapiepraxis. Die meisten meiner Klienten wollten ihren Stress reduzieren, Gewicht verlieren oder aufhören zu rauchen. Ein steter Strom von Menschen jedoch war daran interessiert, sich in frühere Leben zurückversetzen zu lassen. Manche dieser Menschen waren einfach nur neugierig, was das Thema Reinkarnation betraf, und wollten wissen, wo sie in früheren Inkarnationen gewesen waren und was sie dort getan hatten. Die meisten der anderen wollten die Rückführung einsetzen, um herauszufinden, ob sie ihre derzeitige Beziehung mit dem gleichen Partner hatten wie in früheren Leben.

Ich fand die Rückführungen faszinierend. Meine Klienten offensichtlich ebenfalls, denn viele von ihnen kamen viele Male zurück, entweder um verschiedene Leben zu untersuchen oder um eine bestimmte Reinkarnation tiefer zu erkunden.

Ein Mann kommt seit mehr als 15 Jahren regelmäßig zu mir. Jim ist Zimmermann und begann, sich für seine früheren Leben zu interessieren, als ein Kunde bemerkte, wie geschickt er mit seinen Händen war. Dieser Kunde erzählte ihm, dass er diese Fähigkeiten über viele Leben hinweg entwickelt haben musste. Wir haben buchstäblich Dutzende seiner früheren Leben untersucht. Jim war immer ein praktischer Mensch gewesen, der Hände hatte, die quasi »selbstständig dachten«. Wir haben ebenso viele Leben erforscht, in welchen er eine Frau war, wie er als Mann verbracht hat. Dies störte ihn zunächst, da er ein ausgeprägter ›Macho‹ ist, doch er ist mehr fasziniert von der Tatsache, dass er in jedem Leben so auffällig praktisch und erfinderisch war.

Obgleich Jim in den meisten seiner Leben intensive Beziehungen hatte, schien keine von ihnen mehr als ein Leben lang angehalten zu haben. Ich spürte, dass dahinter ein karmischer Faktor steckte, denn in manchen seiner männlichen Leben missbrauchte er Frauen übel, litt aber häufig auch unter dem gleichen Missbrauch in seinen Leben als Frau. Üblicherweise wird eine karmische Schuld dieser Art zwischen den beiden betroffenen Personen über viele Leben hinweg ausgetragen. Doch keine einzige von Jims vielen Beziehungen ließ sich als Seelenpartnerschaft einstufen. In seinem jetzigen Leben ist er geschieden und hat keine weiteren Heiratspläne, da er noch immer viel Bitterkeit über die Art und Weise, wie seine Ehe endete, in sich trägt. Er ist gerade dabei, sich mit der Tatsache abzufinden, dass er karmische Lektionen lernt, und ich habe festgestellt, dass sich seine Haltung gegenüber Frauen im Laufe des Zeitraumes, seitdem ich ihn kenne, gewaltig verändert hat.

Ich fand es faszinierend, dass dieser Mann, der in den letzten Jahrtausenden zahllose Beziehungen hatte, niemals seine Seelenpartnerin gefunden hat. Wir unternahmen mehrere Rückführungen, um herauszufinden, ob wir irgendwelche diesbezüglichen Leben etwa übersehen oder nicht gefunden hatten. Wir entdeckten eine Reihe von Menschen, die in vielen Leben wieder auftauchten, doch sie spielten niemals die Rolle einer romantischen Figur. Seine Mutter aus dem aktuellen Leben war beispielsweise bereits mehrere Male vorher seine Mutter gewesen, doch sie war ebenso sein Bruder, seine Schwester und seine Cousine sowie auch sein Arbeitgeber gewesen. Wir entdeckten jedoch nichts, was auf eine romantische Seelenpartnerschaft irgendeiner Art hindeutete.

Glücklicherweise scheint dieser Mann eine Ausnahme zu sein. Die meisten Menschen, die ich rückgeführt habe, hatten keine Schwierigkeiten damit, bestimmte Menschen aus ihrem gegenwärtigen Leben in früheren Inkarnationen zu identifizieren, obgleich die Geschlechter und Beziehungen unter Umständen völlig anders gelagert sein können.

Ein Beispiel ist eine Frau Mitte dreißig, die ursprünglich zu mir gekommen war, um das Rauchen aufzugeben. Zufällig wurde ein oder zwei Tage, nachdem sie bei mir gewesen war, eine Fernsehsendung über frühere Leben ausgestrahlt. Am nächsten Morgen rief sie mich an, um mich zu fragen, ob ich sie in ein früheres Leben zurückführen könne.

Sie ließ sich schnell und leicht in eine frühere Inkarnation im ländlichen Frankreich des späten 19. Jahrhunderts zurückversetzen. Das Leben war schwierig, und die Familie musste extrem hart arbeiten, um zu überleben. Doch die Familie war eng verbunden, und sie waren äußerst glücklich. In diesem früheren Leben war sie das älteste Kind in einer Großfamilie. Einer ihrer Brüder aus jenem Leben ist in diesem Leben ihre Schwester. Ihr Vater war ein Junge, der nebenan gewohnt und praktisch mit zur Familie gehört hatte. Ihre Mutter erfüllte in beiden Leben die gleiche Rolle. Ihr Ehemann in diesem Leben war jedoch die Person, die sie in der früheren Inkarnation geliebt hatte. Ihre Liebe aber wurde nie erfüllt, da er mit ihrer besten Freundin verheiratet war, die in diesem Leben ihr Sohn ist.

Diese Dame war über ihre Rückführung ganz aus dem Häuschen. Obgleich sie ursprünglich aus Neugier zu mir gekommen war, war sie völlig angetan davon, dass sie und ihr Mann Seelenpartner waren, auch wenn die Beziehung während des damaligen Lebens nicht möglich gewesen war. Sie war außerdem höchst fasziniert von der Tatsache, dass ihr Mann aus diesem Leben mit ihrem Sohn verheiratet gewesen war, da dies die engen Bande zwischen Vater und Sohn sowie ihre eigenen ständigen Schwierigkeiten mit ihm leichter erklärte.

Sie kam zurück, um weitere Rückführungen durchzuführen, und wir fanden mehrere Leben, in welchen sie und ihr Mann zusammen gewesen waren. Einmal waren sie Bruder und Schwester, in drei weiteren Leben waren sie Mann und Frau gewesen. In einem dieser Leben war sie der Ehemann und er die Frau gewesen.

Wir entdeckten auch ein Leben, in dem ihr Ehemann nicht auftauchte. In jenem Leben im Rom des 12. Jahrhunderts war sie die Tochter eines reichen Kaufmanns. Sie lebte ein Leben in Luxus und hatte viele Freier, heiratete jedoch nie. Ihr vorherrschender Eindruck aus jenem Leben war ein krankmachendes Gefühl der Einsamkeit, das sie wie einen Schmerz in der Magengegend empfand. Sie stand unter dem beständigen Druck ihrer Familie, bestimmte Freier aus geschäftlichen und politischen Gründen zu heiraten, doch sie blieb stark genug, sich zu widersetzen.

Zu diesem Zeitpunkt war die Dame bereits so von ihren Rückführungen überwältigt, dass sie ihren Ehemann dazu zwang, ebenfalls zu einer Rückführung mitzukommen. Ich war nicht besonders glücklich darüber, da die Menschen sich nur leicht in Trance versetzen lassen, wenn sie es auch möchten. Doch ich hätte mir keine Sorgen zu machen brauchen. Er war ein hervorragendes Medium, und seine Rückführungen bestätigten vieles von dem, was seine Frau bereits erfahren hatte.

Rein aus Interesse versetzte ich ihn in das 12. Jahrhundert zurück, um herauszufinden, weshalb er in der Inkarnation seiner Frau seinerzeit nicht erschienen war.

Er war der Sohn eines reichen Kaufmanns in Venedig gewesen. Hätten die Dinge ihren normalen Lauf genommen, so wären sich beide leicht begegnet, denn eine Verschmelzung der beiden reichen Familien hätte ein starkes, einflussreiches Unternehmen ergeben. Doch im Alter von 16 Jahren ließ er sich von seinem Onkel verführen. Die Erkenntnis, dass er homosexuell war, war für ihn so vernichtend, dass er Selbstmord verübte.

Es scheint, dass alles so vorbereitet gewesen war, dass beide sich hätten begegnen können, dass das Schicksal jedoch in letzter Minute eingeschritten war. In der Annahme, dass es eine karmische Erklärung für das gegeben musste, was sich ereignet hatte, versetzte ich ihn ein Leben weiter zurück. In jenem Leben, das sich ein Jahrhundert zuvor in Griechenland abspielte, hatte er Homosexuelle gehasst und verabscheut. Als er entdeckte, dass ein Freund aus seiner Kindheit homosexuell war, hatte er seinen früheren Freund so sehr verspottet und verfolgt, dass dieser gezwungen war, zu Hause auszuziehen, um niemals mehr wiederzukehren. Es ist wahrscheinlich, dass das schlechte Karma, das er damit auf sich gezogen hatte, im folgenden Leben ausgeglichen wurde, indem er starb, bevor er seiner Seelenpartnerin begegnete.

In meinem Buch »Spirit Guides and Angel Guardians« (»Geistführer und Schutzengel«) habe ich von einem Ereignis berichtet, bei dem eine Frau in ein früheres Leben zurückkehrte und feststellte, dass ihre Mutter aus jenem Leben ihr Geistführer in dieser Inkarnation war.[10] Ein Geistführer ist jemand, der gestorben ist, jedoch ein bleibendes Interesse am Wohlbefinden einer Person hat, die gegenwärtig am Leben ist. Ein Geistführer ist meist, jedoch nicht immer, ein verstorbener Verwandter. Dies erklärt, weshalb viele meiner Klienten im Laufe der Jahre einen Geistführer erkennen konnten, während sie ihre früheren Leben erforschten. Ein Geistführer beschäftigt sich hauptsächlich mit dem spirituellen Wachstum eines Menschen. Man kann ihn jedoch jederzeit um Hilfe rufen.

Ich hatte vor mehreren Monaten einen weiteren interessanten Vorfall dieser Art. Ein Mann kam wegen einer Rückführung zu mir. Seine Schwester war die Woche vorher bei mir gewesen. Ich nahm also an, dass ihn die Neugier trieb. Doch als er kam, erzählte er mir, dass er sein Leben lang einen Geistführer gehabt hatte, der ihm sehr geholfen hatte. Es war ihm nie gelungen, seinen geistigen Führer zu sehen, und er hoffte, dass diese Person in einer Rückführung auftauchen würde.

Er erwies sich als ein gutes Medium und versetzte sich leicht in ein Leben als Fischer auf einer polynesischen Insel zurück. Sein Leben war gut, er hatte eine starke Beziehung und viele Kinder. Gelegentlich war er betrunken und schlug seine Kinder, doch abgesehen davon schien er ein vorbildliches Leben zu führen. Er ertrank im Alter von Mitte 50, als ein plötzlicher Sturm aufkam, bevor er an Land zurückkehren konnte. Ich stellte ihm direkte Fragen zu seinem Geistführer, doch in der Rückführung schien er nicht zu verstehen, was ich von ihm wollte.

Als er jedoch aus der Trance erwachte und in die Gegenwart zurückkehrte, war er ganz aufgeregt. In dem Leben, das wir erforscht hatten, war er besonders stolz auf seinen ältesten Sohn. Diese Person war im jetzigen Leben sein Geistführer.

»Woher wissen Sie das?«, fragte ich ihn.

Der Mann lächelte. »Es ist komisch, doch sobald ich ihn sah, wusste ich, wer er war. Er war natürlich mein Kind, obgleich er diesmal mein Geistführer und Mentor ist, doch ich hatte plötzlich das Gefühl, es zu wissen. Ich bin ganz hingerissen davon zu wissen, wie er aussieht.«

Rückführungen unter Hypnose sind immer faszinierend, können jedoch manchmal unschlüssige Ergebnisse hervorbringen. Vor einigen Jahren führte ich eine Sitzung mit einem Mann durch, der Unterstützung hinsichtlich seines Selbstvertrauens und seines Selbstwertgefühls brauchte. Während der Sitzung kehrte er spontan in ein vergangenes Leben zurück. Das kommt ab und an vor, und manchmal sind die Menschen so verblüfft darüber, dass sie aus der Hypnose erwachen. Doch mein Klient schien sehr glücklich, und ich dachte, ich sollte die Gelegenheit nutzen, um zu schauen, ob sein mangelndes Selbstvertrauen etwas mit einem Ereignis in jenem vergangenen Leben zu tun hatte.

Er war in einem kleinen Dorf irgendwo in Europa, wahrscheinlich im 16. oder 17. Jahrhundert, ein Wagner gewesen. Er war ungebildet und konnte mir weder das Jahr noch das Land nennen, in dem er sich befand. Er war die ganze Kindheit über von seinem Vater unterdrückt und eingeschüchtert worden und zu einem ängstlichen, stillen Mann herangewachsen. Die Menschen nutzten ihn ständig aus. Viele schuldeten ihm Geld und lachten über seine Versuche, es zurückzubekommen. Er war in eine junge Frau verliebt, die er nie ansprach. Er war zu schüchtern und zu ängstlich, um ein Gespräch zu beginnen. Er führte ein langes, trauriges und einsames Leben.

Ich dachte, er wäre interessiert an der Tatsache, dass sein mangelndes Selbstvertrauen von der brutalen Behandlung herrührte, die er als Kind in jenem früheren Leben erfahren hatte. Doch er war viel interessierter an der Tatsache, dass das Mädchen, das er damals aus der Ferne geliebt hatte, in diesem Leben seine Frau war.

Eine oder zwei Wochen später kam seine Frau zur Rückführung. Wir entdeckten eine Reihe von früheren Leben in Europa etwa in dem Zeitraum, den ihr Mann angedeutet hatte, konnten jedoch kein Leben finden, das beide gemeinsam verbracht hatten.

Ich rätselte lange Zeit darüber, da sich aus der unfreiwilligen Rückführung des Ehemannes ergeben hatte, dass die beiden offensichtlich Seelenpartner waren, doch er tauchte in keinem früheren Leben seiner Frau auf. Zu meinem Bedauern wollte der Mann die Angelegenheit nicht weiter verfolgen, und ich machte keine weiteren Rückführungen mit ihm.

Manchmal ist es schwierig zu entscheiden, wer der Seelenpartner der betreffenden Person ist, da in jeder Rückführung häufig ganze Familien auftauchen. Da die Beziehungen und Geschlechter sich verändern, kann die rückgeführte Person mit jedem beliebigen Mitglied der Familie über einen Zeitraum vieler Inkarnationen hinweg eine tiefe, liebevolle, intime Beziehung haben.

Ich glaube jedoch, dass wir nicht nur einen einzigen Seelenpartner haben, und dies ist vielleicht der Beweis dafür:

Eine Bekannte von mir namens Lynda war zweimal verheiratet und ist überzeugt davon, dass ihre beiden Ehemänner ihre Seelenpartner sind. Ihr erster Mann starb bei einem tragischen Unfall auf See, als sein kleines Boot beim Fischen kenterte. Er war erst 36 Jahre alt, seine Frau war mit ihrem dritten Kind schwanger. Drei Jahre später traf Lynda ihren zweiten Ehemann, als sie ihren Sohn von der Schule abholte. Ihr war der große Mann, der einen wachen Eindruck machte, während er auf seine Tochter wartete, bereits mehrmals aufgefallen. An jenem Tag jedoch standen sie zufällig nebeneinander. Er begann ein Gespräch, und zwischen ihnen entstand auf der Stelle ein solch enges Band, dass sie beide ganz überrascht darüber waren.

»Es war, als hätte ich einen alten Freund wieder getroffen«, erzählte mir Lynda. »Das Band zwischen uns und die Beziehung bestanden vom ersten Augenblick unserer Begegnung an, und wir
schienen alles miteinander besprechen zu können.«

Drei Monate später heirateten sie entgegen den Vorbehalten
wohlmeinender Freunde, die der Ansicht waren, sie würden die
Dinge allzu sehr überstürzen. Sie haben die üblichen Hochs und
Tiefs des Ehelebens sehr wohl erfahren, doch die ungewöhnlich
enge Bindung, die zwischen ihnen besteht, gepaart mit ihrer Fähigkeit, alles frei zu diskutieren, sind Garanten für den Erfolg ihrer Beziehung.

Zu ihrem zehnten Hochzeitstag bekam Lynda von ihrem Mann
eine Rückführung geschenkt. In ihrem früheren Leben war Lynda
die Tochter eines Priesters in der Südsee. Sie verbrachte eine glückliche Kindheit und wuchs in einer Kleinstadt auf, in der jeder jeden
kannte. Im Nachbarhaus lebten zwei Jungen, einer im gleichen Alter
wie sie, der andere zwei Jahre älter. Als Kinder waren sie unzertrennlich. Lynda war überzeugt davon, dass sie später einen von beiden
heiraten würde. In Wirklichkeit heiratete sie keinen von beiden, da
die Jungs in eine andere Stadt zogen, als sie 16 Jahre alt war. Sie verloren über 40 Jahre lang den Kontakt zueinander. Lynda traf den einen von beiden wieder, als sie ihre Enkelkinder besuchte. Sie hielt
an einem Laden an, um ein Geschenk zu kaufen, und es stellte sich
heraus, dass der Inhaber der ältere der beiden Brüder war. Er war geschieden, doch Lynda war noch verheiratet. Dennoch entstand wieder eine tiefe Freundschaft, die anhielt, bis sie wenige Jahre später
verstarb.

Lynda war angesichts ihrer Rückführung ganz aus dem Häuschen, da die beiden Brüder ihre beiden Ehemänner in der jetzigen
Inkarnation waren.

»Es ist so merkwürdig«, sagte sie. »In jenem Leben wollte ich beide heiraten und habe am Ende keinen von beiden bekommen – und
im jetzigen Leben habe ich sie beide geheiratet!«

Rückführungen in frühere Leben sind eine effektive Methode, um zu überprüfen, ob wichtige Menschen in diesem Leben bereits eine bedeutsame Rolle in vorangegangenen Leben gespielt haben. Sie können auch auf andere Weise hilfreich sein. Sie können beispielsweise eine unerklärliche Erinnerung haben, die während einer Rückführung in frühere Leben leicht aufgelöst werden kann. Mein ganzes Leben lang trage ich die Erinnerung mit mir herum, als kleines Kind vor einem riesigen Feuer zu sitzen, während um mich herum unablässig rote Kreise tanzten. Diese Erinnerung ergab für mich keinen Sinn, da sie sich nicht auf mein gegenwärtiges Leben bezog. Doch eines Tages schlug ich in einer Enzyklopädie nach, als ich meinem älteren Sohn bei den Hausaufgaben half. Das Buch öffnete sich auf einer Seite, auf der russische Bauernfrauen abgebildet waren, die um ein Feuer herumtanzten. Sie trugen Kleider aus schwarzem Stoff, die jedoch ein rotes Innenfutter hatten. Als kleines Kind konnte ich, während ich im Halbschlaf neben dem Feuer lag, nur die roten Kreise sehen, die das Innenfutter erzeugte, während die Frauen tanzten. Ich versetzte mich sofort in das betreffende frühere Leben zurück, aus dem diese Erfahrung stammt, und weiß nun viel genauer darüber Bescheid, was ich in jenem Leben erlebt habe.

Wenn Sie irgendwelche unerklärlichen Erinnerungen haben, brauchen Sie nicht zu warten, bis Sie zufällig auf eine Erklärung stoßen, so wie ich es tat. Versetzen Sie sich einfach in jene Zeit zurück, aus der diese Erinnerung stammt, und Ihnen wird die Bedeutung im ganzen Umfang klar werden.

Obgleich es leichter ist, wegen einer Rückführung in vergangene Leben einen kompetenten Hypnotherapeuten aufzusuchen, ist es nicht schwer, sich selbst zurückzuversetzen und die eigenen früheren Leben in der Vergangenheit zu erforschen. Wir werden dies im 7. Kapitel tun.

3

So bereiten Sie sich richtig vor

Was für dein Herz großartig ist, ist großartig.
Die Vorliebe der Seele ist immer richtig.

Ralph Waldo Emerson

$\mathcal{E}$s gibt viele Dinge, die getan werden müssen, bevor Sie anfangen können, Ihren Seelenpartner an sich zu ziehen. Der wichtigste Faktor ist, dass Sie sich selbst gut genug kennen, um zu wissen, welche Ihre wahren Bedürfnisse sind. Viele Menschen versuchen, sich vor diesen zu verstecken und wählen stattdessen einen Partner in dem Versuch aus, damit einem anderen einen Gefallen zu tun. Sie werden keine feste Beziehung finden, solange Sie versuchen, Ihren Eltern, sonstigen Verwandten oder Freunden einen Gefallen zu tun. Jede Beziehung, die darauf basiert, dass man anderen einen Gefallen tun möchte, ist von vornherein zum Scheitern verurteilt. Sie müssen nicht nur jemanden finden, der Sie glücklich macht - um in den Genuss der völligen Erfüllung zu kommen, müssen Sie Ihren Seelenpartner finden. Absolute Ehrlichkeit sich selbst gegenüber ist die essenzielle Grundlage bei der Suche nach Ihrem Seelenpartner. Manche Menschen erstellen eine Liste all ihrer Anforderungen an einen Partner. Wenn Sie dies für hilfreich erachten, ist es die Mühe wert, jedoch nur, solange Sie völlig ehrlich zu sich selbst sind.

Vor nicht allzu langer Zeit kam ein Mann zu mir zur Hypnotherapie. Er war bereits zweimal verheiratet gewesen, jedes Mal mit einer extrem schlanken Frau. Doch selbst wenn er mit seinen früheren Frauen Sex hatte, stellte er sich vor, mit einer dickeren Frau zu schlafen. Nun hatte er eine solche Person gefunden und war schwer in sie verliebt. Er schämte sich jedoch bei der Vorstellung, mit dieser in der Öffentlichkeit gesehen zu werden. Er machte sich Gedanken darüber, was seine Freunde und Kollegen wohl denken oder sagen würden. Mit anderen Worten, er überließ es der Meinung anderer Leute, darüber zu entscheiden, wer eine geeignete Partnerin für ihn sei. Bis er dies erkannte und entschied, ob für ihn die Meinung anderer relevant war oder nicht, fühlte er sich erbärmlich. Zum Glück erkannte er nach einigen Sitzungen, dass sein persönliches Glück viel wichtiger war als die Kommentare anderer, und machte seiner neuen Liebe einen Antrag. Nun, da er endlich aufrichtig mit sich selbst ist, bin ich mir sicher, dass er auch äußerst glücklich sein wird.

Dieser Mann erinnerte mich an Hermias Kommentar in Shakespeares »Sommernachtstraum«, als sie sagte: »Oh Tod! Mit fremdem Aug' den Liebsten wählen!« Die Menschen taten dies bereits, Jahre bevor Shakespeare geboren war, und leider tun sie es auch heute noch. Glücklicherweise lernte mein Klient diese Lektion beizeiten.

Sie müssen bereit sein – körperlich, geistig, emotional und spirituell. Jeder dieser Bereiche kann eine Energieblockade auslösen, die Sie davon abhalten kann, mit ihrem Seelenpartner in Kontakt zu kommen.

Es ist wichtig, dass Sie sich für eine Seelenpartnerschaft reif fühlen. Sind Sie noch nicht bereit, sesshaft zu werden, oder haben Sie noch zu sehr Ihre Freude daran, das Feld abzugrasen, so versuchen Sie nicht, einen Seelenpartner anzuziehen. Warten Sie ab, bis Sie sich reif dafür fühlen, einen besonderen Partner in Ihrem Leben zu bekommen.

Jason, ein Bekannter von mir, ist Anfang Dreißig. Er war drei Jahre lang mit einer schönen Frau verheiratet. Doch die Beziehung

endete, als sie erkannte, dass er Affären mit anderen Frauen hatte.
Seit seiner Scheidung hat er mit so vielen Frauen wie nur möglich
geschlafen. Jason ist ein gut aussehender, charmanter Mann, dem es
nie an weiblicher Begleitung fehlt. Er wäre der Erste, der zugeben
würde, dass er ganz einfach seine Lust befriedigt. Er hat keinerlei
Gefühl für irgendeine dieser Frauen und gibt zu, dass er, wie er es
ausdrückt, »einfach nur möglichst viele Nieten am Gürtel« sammelt.

Kürzlich vertraute er mir an, dass er bei seinen Eroberungen immer weniger Befriedigung verspürt, und für ihn nun möglicherweise
die Zeit gekommen ist, seine Seelenpartnerin zu suchen. Dies war jedoch nur ein hehrer Gedanke von ihm, denn ich habe ihn seitdem
schon wieder mehrmals in Begleitung verschiedener Frauen gesehen.
Jason ist im Augenblick nicht bereit, eine Seelenpartnerin anzuziehen. Er wird noch reifen und sich vorbereiten müssen, um sein
Junggesellenleben hinter sich zu lassen, bevor er sich auf die ernsthafte Suche nach seiner Seelenpartnerin begibt.

Veronica, die in einem Unternehmen für Bürobedarf gleich bei
mir um die Ecke arbeitet, ist Ende 40. Sie ist Mutter zweier erwach-
sener Kinder und hat sich erst kürzlich von ihrem Mann getrennt.
Er hatte sie während der gesamten 25 Jahre ihrer Ehe missbraucht,
sowohl körperlich als auch verbal. Folglich hat sie ihr Selbstvertrauen völlig verloren und lebt ein einsames Leben ganz für sich. Sie
würde nur zu gerne ihren Seelenpartner finden, doch auch sie ist
noch nicht bereit dazu. Unter anderem lehnt sie jegliche Annäherungsversuche von Männern ab. Dies überrascht angesichts dessen,
was sie durchgemacht hat, nicht, doch es bedeutet, dass sie möglicherweise versehentlich den perfekten Mann ausschlagen könnte.
Veronica wird erst ihr Selbstwertgefühl und ihr Selbstvertrauen aufbauen sowie bestimmte soziale Fähigkeiten entwickeln und eine po-
sitivere Einstellung zu ihrem Leben bekommen müssen, bevor sie
anfangen kann, einen Seelenpartner anzuziehen.

Das körperliche Selbst

Selbst wenn Sie derzeit körperlich nicht fit sind, gab es zweifellos eine Zeit, zu der sie fit und aktiv waren. Wer körperlich fit ist, kann die Dinge mit größerer Leichtigkeit erledigen. Man fühlt sich dann gut und hat mehr als genug Energie, um all das zu schaffen, was man sich in den Kopf gesetzt hat.

Sie können nicht erwarten, den perfekten Seelenpartner anzuziehen, wenn Sie ein »couch potato« sind, d. h. mehrere Stunden am Tag auf dem Sofa liegen und fernsehen. Es gibt mit Sicherheit bestimmte Zeiten, in welchen man ausruhen und sich entspannen sollte, und das Fernsehen kann hierbei wundervolle Dienste leisten. Doch wenn Sie unzählige Stunden damit verbringen, wahllos alles stur anzuschauen, was gerade zufällig so läuft, haben Sie keine guten Voraussetzungen, einen Seelenpartner anzuziehen.

Wenn man zu viel Zeit damit verbringt, herumzulungern und gar nichts zu tun, entsteht ein Problem: Man wird lethargisch, und es fehlt einem an Lebendigkeit und Energie. Sie können nichts in ihr Leben ziehen, was für Sie lohnenswert wäre, solange Sie sich in einem solchen Zustand befinden.

Beschließen Sie, aktiver zu werden. Gehen Sie spazieren, besuchen Sie einen Gymnastikkurs, tun Sie irgendetwas. Wer weiß – vielleicht wartet Ihr Seelenpartner bereits in der Turnhalle auf Sie ... Wenn Sie weiterhin nur stur auf den kleinen Schirm starren, werden Sie ihn bzw. sie niemals finden.

Nutzen Sie Ihre Energie, verschwenden Sie sie jedoch nicht. Haben Sie schon einmal bemerkt, wie viel Energie Kleinkinder haben? Sie scheinen grenzenlose Reserven zu besitzen. Natürlich ist dem nicht so, doch sie schlafen und ruhen sich aus, um dann wieder von vorn zu beginnen. Und: Jedes Mal, wenn Sie sich bewegen, verbrauchen Sie Kalorien.

Vor vielen Jahren erzählte mir jemand, dass wir alle ein Risikolimit haben. Wenn wir dieses überschreiten, wird es extrem schwierig, unsere verlorene Kraft wiederzugewinnen. Die Gefahrenschwelle beginnt, wenn Sie sich bequem hingesetzt haben und die Zeitung lesen möchten, die nur ein wenig außer Reichweite liegt. Anstatt aufzustehen und sie sich zu holen, sagen Sie: »Liebling, würdest mir bitte die Zeitung herüberreichen?« Folglich wird ein anderer um einige Kalorien erleichtert, während Sie sich immer weiter hinter Ihrer sitzenden Lebensweise verschanzen.

Ich erwarte von Ihnen nicht, dass Sie aufspringen und beginnen, für den Marathon zu trainieren. Wenn Sie jedoch beständig ein inaktives Leben führen, dann lege ich Ihnen schon nahe, sich etwas mehr zu bewegen und zu lernen, die Freuden des Trainierens kennen zu lernen. Es ist ganz gleich, wie wenig Sie am Anfang tun, solange Sie dies beständig ausdehnen. Eine Frau erzählte mir einmal, dass sie mit zweiminütigen Spaziergängen begonnen hatte. Sie ging eine Minute lang hinaus, drehte dann auf dem Absatz um und kehrte zurück. Daraufhin weitete sie es auf zwei Minuten pro Strecke aus. Heute geht sie jeden Tag eine Stunde und genießt die Vorteile, die dies für ihr Leben mit sich bringt.

Bei einem meiner Vorträge fragte mich ein korpulenter Mann, ob es die Mühe wohl lohne, sich mit Körperübungen abzuquälen, wenn seine Seelenpartnerin doch möglicherweise auch übergewichtig sein könnte. Natürlich ist alles möglich. Doch er musste trotzdem noch etwas Gewicht verlieren, denn dadurch bekam er mehr Energie und wurde motivierter, sich einen Seelenpartner ins Leben zu ziehen.

Die meisten Menschen brauchen nur einige Pfund abzunehmen, um eine ansprechende Figur zu bekommen. Haben Sie dies geschafft, so fühlen Sie sich viel wohler und sind körperlich bereit, Ihren Seelenpartner anzuziehen. Sie müssen ganz gewiss nicht wie ein Model aus der Modezeitschrift aussehen. Solange Sie sich aktiv fühlen und für Ihr Aussehen nicht schämen, sind Sie bereit für den Start.

Das geistige Selbst

Ihre geistige Haltung ist ebenfalls wichtig. Wir ziehen das an, an was wir denken. Wenn Sie denken, Sie werden Ihren Seelenpartner niemals finden, so haben Sie Recht. Wenn Sie wissen, dass Sie Ihren Seelenpartner anziehen werden, so haben Sie genauso Recht. Positives Denken ist immens wichtig. Dies kann hart sein, wenn Sie bereits lange auf der Suche nach Ihrem Seelenpartner sind. Doch eine positive Erwartungshaltung zu bewahren ist mit Abstand der beste Weg, um die richtige Person für sich anzuziehen.

Wir selbst sind manchmal unser ärgster Feind. Es ist wichtig, dass Sie, sobald Sie feststellen, dass Sie negative Gedanken haben, diese einfach umdrehen und ins Positive verwandeln. Tadeln Sie sich nicht selbst, und ärgern Sie sich nicht. Stoppen Sie einfach bewusst Ihr negatives Denken, und ersetzen Sie alle negativen Gedanken durch positive. Mit der Zeit werden Sie sich selbst mit den positiven Veränderungen in Ihrem Leben überraschen, einfach, indem Sie dies tun. Wenn Sie positiv denken, werden Sie zu einem Magneten, der positive und nützliche Dinge in Ihr Leben zieht.

Das emotionale Selbst

Wir können oft nur schwer mit unseren Emotionen umgehen. Einer meiner Freunde hat mehr als 20 Jahre lang versucht, seine starken Emotionen der Eifersucht unter Kontrolle zu bringen. Diese ungebetenen, emotional lähmenden Gefühle überfallen ihn immer wieder von Zeit zu Zeit, und er scheint nicht imstande zu sein, diese zu verhindern. Mit den Jahren hat ihn dies mehrere Beziehungen und mindestens eine Stellung gekostet.

Doch auch wenn er mehr als 20 Jahre gebraucht hat, hat er seine Gefühle heute viel besser unter Kontrolle als je zuvor. Früher wurde er schon eifersüchtig, wenn seine Partnerin einen anderen Mann auch nur anschaute. Heute nimmt er es relativ locker, wenn sie zu einer Party gehen, und sie dort die meiste Zeit des Abends mit anderen Menschen spricht.

Aber er leidet in anderen Bereichen immer noch unter Neid und Eifersucht. Wurde ein Kollege vor ihm befördert, so verspürte er zutiefst Neidgefühle. Noch während er diese Gefühle verspürte, erkannte er, dass diese überwältigenden Emotionen ihn die Position gekostet hatten. Wenn sein Nachbar nebenan ein neues Auto kaufte, wurde er neidisch.

»So etwas sollte mich überhaupt nicht berühren«, erzählte er mir. »Es ist unvernünftig und dumm. Doch ich schäume trotzdem vor Wut darüber.« Zu lernen, die eigenen Emotionen zu zügeln und zu kontrollieren, ist offensichtlich ein wichtiger Teil dessen, was mein Freund in diesem Leben zu lernen hat.

Wir alle sind emotionale Lebewesen. Nur wenige Menschen leiden in dem Maße unter ihren Emotionen wie mein Freund, doch all unsere Emotionen setzen kraftvolle Energien frei, die jeden in unserem Leben betreffen und beeinflussen. Unsere Emotionen färben auf all unser Tun ab. Gute, positive Emotionen machen jeden Tag zu einem glücklichen Tag, doch negative Emotionen können den Himmel in die Hölle auf Erden verwandeln.

Werden Sie sich Ihrer Emotionen und deren Auswirkungen auf andere bewusst. Fördern Sie gute Emotionen, und schenken Sie den negativen besondere Aufmerksamkeit. Wahrscheinlich ist es unrealistisch, diese völlig ausschalten zu können, konzentrieren Sie sich jedoch darauf, diese unter Kontrolle zu halten. Wenn Sie dies tun, werden sich alle Aspekte Ihres Lebens verbessern.

Das spirituelle Selbst

Die meisten von uns leben in der physischen Welt und schenken der spirituellen Seite des Lebens wenig Beachtung. Der Spruch »Wir alle sind geistige Wesen, die in einem physischen Körper inkarniert sind« ist zum Klischee geworden. Und dennoch ziehen wir unseren Seelenpartner sowohl auf der spirituellen als auch auf der Seelenebene an. Der Wunsch nach einem Seelenpartner nimmt auf diesen Ebenen seinen Anfang. Folglich müssen wir unsere Seele sehr gut im Blick haben. Unsere Seele weiß, was wir brauchen und wird es uns bringen, wenn wir es uns nur fest genug wünschen.

Gleichzeitig wird Ihr Seelenpartner, dem Sie womöglich noch gar nicht begegnet sind, Ihnen auf der Seelenebene ebenfalls seine Wünsche zusenden. In vielerlei Hinsicht könnte man dies mit zwei Magneten vergleichen, die einander anziehen.

Ihre Seele

Schließlich müssen Sie mit Ihrer eigenen Seele im Frieden sein. Wenn Sie nicht mit Ihrer Seele im Kontakt sind, wie sollte diese dann irgendein anderer erreichen? Es ist nicht einfach, mit der eigenen Seele in Resonanz zu stehen. Hauptsächlich ist es eine Sache des Gefühls, im Frieden und in Resonanz mit dem Unendlichen zu sein. In vielerlei Hinsicht ist es die höchste Vereinigung und Kombination unseres körperlichen, geistigen, emotionalen und spirituellen Selbst, wenn wir uns unserer Seele bewusst werden. Es geht immer darum, jederzeit der Beste zu sein und das Beste zu tun.

Wir müssen auch fair, aufrichtig und moralisch gut sein und ein friedliches, ruhiges Leben führen. Jesus sagte: »Was hülfe es dem Menschen, so er die ganze Welt gewönne und nähme doch Schaden an seiner Seele? Oder was kann der Mensch geben, damit er seine Seele wieder löse?« (Matthäus 16, 26)

Jesus sagte auch: »Trachtet am ersten nach dem Reich Gottes und nach seiner Gerechtigkeit, so wird euch solches alles zufallen.« (Matthäus 6, 33). Indem Sie Gott finden, wer oder was auch immer das für Sie bedeutet, werden Sie Frieden für Ihre Seele finden.

Die verschiedenen Arten der Liebe

Liebe ist die stärkste Kraft im Universum. Sie ist auch ein interessanter Bestandteil, um ein glückliches, erfülltes Leben zu führen. Eine ganze Reihe von Krankheiten kann auf einen Mangel an Liebe zurückgeführt werden, sowohl einen Mangel an der Liebe, die man gibt, als auch einen Mangel an der Liebe, die man empfängt. In der Tat hat die Liebe im Laufe der Geschichte schon den Tod zahlloser Menschen gekostet. Dies sollte niemals geschehen, da wir ganz leicht in uns selbst Liebe erzeugen und diese ins Universum senden können. Es ist tragisch, dass so viele Menschen auf der Welt verzweifelt um Liebe ringen.

Es gibt zwei Arten der Liebe: die persönliche und die unpersönliche Liebe. Die persönliche Liebe ist die Liebe zwischen zwei Menschen und die Art von Liebe, auf die wir uns in diesem Buch konzentrieren. Die unpersönliche Liebe ist das Mitgefühl und die Aufmerksamkeit, die wir jedem entgegenbringen sollten, mit dem wir in Berührung kommen. Sie könnte als die Fähigkeit beschrieben werden, mit den anderen richtig zurechtzukommen.

Es gibt im Universum das Gesetz der Resonanz. Wir bekommen das zurück, was wir aussenden. Wenn wir in unseren Liebesbeziehungen Liebe möchten, sowohl die persönliche als auch die unpersönliche, müssen wir in uns selbst Liebe entfachen, so dass wir diese anderen Menschen freizügig schenken können. Dabei ziehen wir auch Liebe von außen an. Wir können nicht von Anfang an Liebe erwarten. Wir müssen sie selbst geben, um sie zurückzubekommen. Es gibt ein Sprichwort, das folgendermaßen lautet: »Die Liebe ist nicht dazu da, dass du sie in deinem Herzen festhältst. Die Liebe ist erst dann Liebe, wenn du sie weiterschenkst.« Ralph Waldo Emerson drückte den gleichen Gedanken aus, als er schrieb: »Liebe, und du wirst geliebt werden. Jede Liebe ist mathematisch gesehen richtig, so, wie die beiden Seiten einer algebraischen Gleichung.«[2]

61

Es gibt ein interessantes Experiment, das ich häufig meinen Schülern vorschlage. Ich lege ihnen nahe, eine Woche lang jedem zuzulächeln, dem sie begegnen. Das gilt auch für Fremde, die sie auf der Straße treffen. Eine Woche später frage ich sie, was passiert ist. Ausnahmslos berichten sie mir, dass die meisten Menschen zurückgelächelt haben. Hätten sie nicht als Erste gelächelt, hätten sie während dieser Woche viel weniger Lächeln geschenkt bekommen. Ein Lächeln kostet nichts, bewirkt jedoch, dass sich jeder besser fühlt. Ich erinnere mich sogar daran, dass ich einmal in der Zeitung von einem Mann gelesen habe, der Selbstmord begehen wollte, jedoch vom Lächeln eines Fremden auf der Straße davon zurückgehalten wurde.

Ziel dieser Übung ist es nicht, die Kraft des Lächelns unter Beweis zu stellen, obgleich sie dies sicherlich auch tut. Ich bitte meine Schüler, es zu tun, um ihnen beizubringen, dass sie zuerst geben müssen, bevor sie etwas bekommen können.

Es ist einfach, Liebe in uns selbst zu erzeugen. Egal, welche Enttäuschungen oder Rückschläge Sie auch in der Vergangenheit erlebt haben, Sie sind immer noch imstande, Liebe zu erzeugen. Vielleicht sind Sie zutiefst desillusioniert und stehen der Liebe skeptisch gegenüber – doch Sie sind immer noch imstande, diese zu erzeugen.

Liebe kommt von innen und drückt sich in unseren Gedanken, Gefühlen, Unterhaltungen und Handlungen aus. Wenn Sie beginnen, dies bewusst zu tun, werden Sie feine Veränderungen in Ihrem Leben und in Ihrer Lebenseinstellung feststellen. Dinge, die früher schwierig waren, fallen Ihnen plötzlich leicht, und Sie werden merken, dass Sie mehr Selbstvertrauen und Selbstsicherheit gewinnen.

Schon nach kurzer Zeit werden Sie beobachten, dass Sie Liebe in allem, was Sie tun, zum Ausdruck bringen.

Ich finde Affirmationen ausgesprochen hilfreich, um Liebe zu erzeugen. Affirmationen sind einfach Worte, die Sie für sich selbst regelmäßig wiederholen. Ich spreche für mich Affirmationen, wenn ich in einer Schlange anstehe oder im Stau stecke. Situationen wie diese hatten mich früher geärgert, doch nun warte ich zufrieden so lange, wie es nötig ist, da ich meine Zeit jetzt sinnvoll nutzen kann.

Sie können Affirmationen für jeden Aspekt Ihres Lebens finden, den Sie verbessern möchten. Sie sollten im Präsens formuliert sein und exakt das zum Ausdruck bringen, was Ihr Wunsch ist. Wenn Sie beispielsweise bettelarm sind, könnten Sie zu sich sagen: »Ich habe soviel Geld, wie ich brauche.« Zu dem Zeitpunkt, da Sie dies sagen, ist es ganz offensichtlich nicht wahr. Doch Ihr Unterbewusstsein weiß das nicht. Es akzeptiert einfach die Gedanken, die ihm eingegeben werden, und handelt entsprechend diesen Informationen. Mit der Zeit wird Ihr Unterbewusstsein diese Affirmation zur Realität werden lassen.

Wenn Sie folglich mehr Liebe in Ihrem Leben wünschen, könnten Sie sagen: »Ich bin ein guter, liebevoller Mensch. Ich liebe das Leben. Ich ziehe gute, liebevolle Menschen in mein Leben. Mein Leben ist reich an Liebe und Glück. Ich erfahre in allem, was ich sage und tue, Liebe.«

Die unpersönliche Liebe eignet sich ebenso gut für Affirmationen. Sie könnten sagen: »Ich liebe jeden, und jeder liebt mich.« Sagen Sie sich dies regelmäßig vor, und Sie werden feststellen, dass allmählich jeder Aspekt in Ihrem Leben leichter und einfacher wird.

Lieben Sie sich selbst

Ich glaube, dass ein niedriges Selbstwertgefühl und Angst bei sehr vielen Menschen die Hauptgründe sind, weshalb sie es so schwierig finden, die richtige Beziehung in ihr Leben zu ziehen. Wir ziehen immer das an, woran wir denken. Wenn wir glauben, dass wir wertlos und nicht liebenswert sind, können wir unmöglich die richtige Person anziehen. Wenn wir ängstlich und unsicher sind, neigen wir dazu, uns von der Außenwelt zu isolieren und verpassen viele Gelegenheiten, die immer bestehen, um andere Menschen zu treffen. Wir können ein niedriges Selbstwertgefühl und Angst nur überwinden, indem wir uns selbst lieben.

In Oscar Wildes oft zitiertem Ausspruch »Sich selbst zu lieben ist der Beginn einer lebenslangen Romanze« steckt sowohl Wahrheit als auch Zynismus. Obgleich dies auf den ersten Blick wie Egoismus erscheinen mag, ist es lebenswichtig, sich selbst zu lieben. Sie sind der einzige Mensch, dem Sie garantieren können, mit ihm den Rest Ihres Lebens zu verbringen. Folglich sollten Sie sich selbst nicht nur einfach *mögen*, sondern auch *lieben*. Indem Sie sich selbst lieben, stärken Sie Ihr Vertrauen, Ihre Selbstakzeptanz und Ihr Selbstwertgefühl.

Sie lieben sich selbst, indem Sie nett zu sich selbst sind, sich pflegen, sich mögen, sich vergeben. Sie müssen sich selbst so akzeptieren, wie Sie jetzt sind, und es sich selbst erlauben, Ihr bester Freund zu werden.

Indem Sie dies tun, werden Sie Liebe erzeugen, nicht nur zu sich selbst, sondern auch zu anderen Menschen.

Eine wirkungsvolle Übung, um zu lernen, sich selbst zu lieben, besteht darin, sich selbst ein bis zwei Minuten am Tag im Spiegel zu betrachten. Begeben Sie sich mit sich selbst auf eine Wellenlänge, und lassen Sie es zu, dass alle möglichen Gedanken, Gefühle oder Emotionen an die Oberfläche kommen. Manche werden glücklich, andere jedoch traurig sein. Haben Sie Spaß bei dieser Übung. Ziehen Sie sich selbst gegenüber Grimassen, lächeln Sie, lachen Sie und machen Sie lustige Gesten und Gebärden.

Vielen Menschen fällt diese Übung schwer. Wir alle betrachten unser Spiegelbild, wenn wir uns das Haar bürsten, Make-up auflegen, uns rasieren oder unser Aussehen überprüfen. Doch viele Menschen empfinden es einfach als Narzissmus, wenn sie ihr Spiegelbild studieren. Das Ziel dieser Übung besteht nicht einfach darin, uns selbst zu bewundern. Wir schauen darüber hinaus und erlauben, dass die wahre Person - die verletzliche, wahre Person, die sich für gewöhnlich hinter der Maske unseres Gesichts verbirgt - sichtbar wird.

Zunächst werden Sie die Linien, die Spuren Ihres Stirnrunzelns und die Falten in Ihrem Gesicht wahrnehmen. Dinge, die Sie schon immer gestört haben, mögen Ihnen nun extrem ins Auge stechen. Vielleicht glauben Sie, dass Ihre Nase zu groß ist oder Ihr Mund zu klein. Doch mit der Zeit werden Sie hinter diese Dinge blicken und Selbstakzeptanz, inneren Frieden und Liebe zu sich selbst und anderen erreichen. Diese Übung ist in Wirklichkeit eine Form von Meditation.

Übrigens habe ich mit erstaunlich vielen Menschen gesprochen, die ihren Seelenpartner zum ersten Mal bei dieser Übung gesehen haben. Als sie in den Spiegel schauten, sahen sie nicht ihr Spiegelbild, sondern das Bild ihres Seelenpartners, dem sie erst noch begegnen sollten. Das passiert selten beim ersten und auch noch nicht beim zwanzigsten Mal, wenn Sie diese Übung machen. Doch es ist etwas, was Sie im Hinterkopf behalten sollten. Die Menschen, die dies erlebt haben, erzählten mir alle, wie hilfreich es war. Sie alle trafen ohne Ausnahme ihren Seelenpartner innerhalb von sechs Monaten, nachdem sie ihn zum ersten Mal im Spiegel gesehen hatten.

Sie würden dieses Buch nicht lesen, wenn Sie nicht die Person, die perfekt zu Ihnen passt, in Ihr Leben ziehen wollten. Achten Sie auf Ihre körperliche, geistige, emotionale und spirituelle Verfassung. Gehen Sie mit Ihrer Seele in Resonanz, und strahlen Sie Liebe aus. Dadurch werden Sie zu einem starken Magneten – und Sie werden alles in Ihr Leben ziehen, was Sie nur wünschen.

Es ist nicht leicht, sich auf jeder Ebene vorzubereiten. Das erfordert Zeit und Kraft. Es mag allzu mühsam erscheinen, insbesondere, wenn Sie merken, dass mehr als eine Ebene Ihre Aufmerksamkeit erfordert. Wir müssen zur bestmöglichen Person werden, auf jeder Ebene. Versuchen Sie, sich selbst aus dem Blickwinkel Ihrer Mitmenschen zu sehen. Fühlen sich die Menschen von Ihnen angezogen, oder neigen diese dazu, Sie zu meiden? Natürlich möchten Sie sich so gut wie möglich geben, um zu bewirken, dass Sie Ihren Seelenpartner schneller anziehen. Während dieses Prozesses werden Sie auch viele andere Menschen in Ihr Leben ziehen, Ihr Leben wird auf vielfältige Weise erfüllter und lohnenswerter.

Übung: Ballast abwerfen

Wir alle schleppen Berge von Ballast aus der Vergangenheit mit uns herum. Es kann sich dabei um Groll, ungelöste Themen, altes Unrecht, Dinge, die wir hätten tun oder sagen sollen, usw. handeln. Wir können davon so niedergedrückt werden, dass es uns einfach nicht mehr gelingt, im Leben weiterzukommen.

Glücklicherweise gibt es eine einfache Übung, die Sie machen können, um all diesen Müll aus der Vergangenheit loszuwerden. Diese Übung ermöglicht es Ihnen, all die negativen Energien auszuleiten, die Sie ausbremsen und Ihre innere Schönheit verbergen.

Suchen Sie sich einen ruhigen, warmen Platz, an dem Sie nicht gestört werden. Tun Sie dies im Haus, dann stecken Sie vielleicht für einige Zeit Ihr Telefon aus.

Setzen Sie sich auf einen bequemen Stuhl, oder legen Sie sich hin, wenn Ihnen das lieber ist. Schließen Sie die Augen, und nehmen Sie zehn tiefe Atemzüge. Sagen Sie beim Ausatmen zu sich selbst:»Entspannen, entspannen, entspannen«. Lassen Sie zu, dass sich alle Muskeln Ihres Körpers entspannen. Denken Sie, nachdem Sie die zehn Atemzüge genommen haben, nicht mehr über Ihre Atmung nach, und werden Sie sich aller Zonen Ihres Körpers bewusst, in welchen Verspannungen herrschen. Entspannen Sie diese Zonen bewusst. Widmen Sie Ihren Schultern besondere Aufmerksamkeit, da sich dort oft Verspannungen und Stress konzentrieren.

Sind Sie völlig entspannt, stellen Sie sich selbst am friedlichsten Ort vor, den Sie sich vorstellen können. Vielleicht stellen Sie sich vor, wie Sie an einem schönen Strand liegen und auf das Rauschen der Wellen lauschen. Vielleicht möchten Sie lieber in einem kleinen Hain mitten im Wald sein. Es ist ganz egal, wohin Sie sich begeben, solange Sie sich dabei völlig entspannt fühlen.

Visualisieren Sie, wie Sie sich an diesem friedlichen, erholsamen Platz befinden. Stellen Sie sich dann vor, wie sich Ihr Körper in eine große Kugel verwandelt. Sehen Sie sich selbst, als seien Sie nun eine große Kugel aus Garn. Aus dieser Kugel schauen unzählige Fäden heraus, die zu all dem ungewollten Ballast führen, an welchem wir noch hängen.

Sehen Sie dieses Bild so klar wie möglich vor Ihrem geistigen Auge. Nehmen Sie eine imaginäre Schere, und schneiden Sie alle Fäden ab, bis Ihre Kugel wieder glatt und rund ist. Genießen Sie den Anblick dieser perfekten Kugel, und sehen Sie dann, wie diese wieder in Ihnen verschwindet. Doch die Person, zu der Sie zurückkehren, ist nicht mehr die Person, die Sie vorher waren. Jetzt sind Sie von all dem unnötigen Ballast befreit, den Sie seit Jahren, ja vielleicht sogar schon seit Jahrzehnten mit sich herumgetragen haben.

Genießen Sie es noch ein bis zwei Minuten lang, in Ihrer friedlichen Szene zu baden, und öffnen Sie dann, wenn Sie dazu bereit sind, wieder die Augen. Sie werden hinterher ein unglaubliches Gefühl der Befreiung und der Freiheit verspüren. Vergessen Sie nicht, hin und wieder diese Übung zu machen, da wir alle unerwünschten Balllast aufsammeln, während wir durchs Leben gehen. Wenn wir diese Übung regelmäßig durchführen, gelingt es uns, diesen Ballast lieber früher als später abzuwerfen.

Bedenken Sie jedoch, dass Sie mit dieser Übung nicht Ihre Familie loswerden können. Ganz gleich, welche Probleme Sie mit Ihren Eltern oder anderen Verwandten haben mögen – Sie müssen lernen, damit umzugehen, da dies eine unserer karmischen Pflichten ist. Vergebung kann ebenso heilsam sein wie die Übung zum Ballastabwerfen und ist ein gutes Heilmittel bei Schwierigkeiten mit Familienmitgliedern. Wenn Sie unerwünschten Ballast abwerfen, verbessern Sie damit jeden Aspekt Ihres Lebens, und es macht es Ihnen zudem viel leichter, Ihren Seelenpartner anzuziehen. Es gibt eine einfache Übung, mit der Sie überprüfen können, ob Sie bereit sind, Ihren Seelenpartner in Ihrem Leben zu begrüßen. Begeben Sie sich allein an einen Ort, an dem Sie nicht gestört oder abgelenkt werden können. Es ist ganz gleich, ob Sie sich drinnen oder im Freien befinden.

Übung zur Anziehung

Schließen Sie die Augen, und entspannen Sie sich, so gut Sie nur können. Visualisieren Sie vor Ihrem geistigen Auge Ihr körperliches Selbst. Sehen Sie Ihren Körper so deutlich, wie Sie nur können. Fragen Sie, sobald das Bild vor Ihrem geistigen Auge klar ist, Ihr Herz, ob Ihr physischer Körper für einen Seelenpartner bereit ist. Ihr Herz wird Ihnen antworten. Die Antwort kann auf vielfältige Weise erfolgen. Ist die Antwort positiv, so spüren Sie vielleicht eine Wärme oder ein glühendes Gefühl in der Herzgegend. Vielleicht bekommen Sie das Gefühl, dass Sie wissen, dass die Antwort positiv ist. Möglicherweise gibt Ihr ganzer Körper ein positives Seufzen von sich, da er akzeptiert, dass Sie körperlich für einen Seelenpartner bereit sind. Ist die Antwort negativ, so verspüren Sie möglicherweise, dass Ihr Herz den Gedanken ablehnt. Vielleicht verspüren Sie überhaupt nichts. Dies bedeutet, dass Ihr Herz nicht positiv reagiert, also auf eine negative Antwort hinweist. Ist die Antwort negativ, so müssen Sie natürlich alles für Ihren Körper tun, was auch immer zu tun ist, bevor Sie die Frage erneut stellen.

Haben Sie eine positive Antwort auf die erste Frage erhalten, können Sie zur nächsten Frage übergehen. Visualisieren Sie Ihr geistiges Selbst so klar, wie Sie nur können. Es ist schwer, Ihr geistiges Selbst zu beschreiben, da die Art und Weise, wie Sie es visualisieren, wahrscheinlich ganz anders sein wird, als ich mein persönliches Selbst visualisiere. Ich sehe es als einen Pool von Wissen, zu dem ich beständig etwas Neues hinzufüge, während ich lerne und wachse. Wenn ich nicht lerne, besteht die Gefahr, dass dieser Pool abgestanden wird, daher versuche ich, ihn dauernd weiter aufzufüllen. Viele Menschen sehen ihren Mentalkörper als Gehirn und visualisieren es in ihrem Kopf. Heute höre ich von vielen Menschen, dass sie ihren Mentalkörper als unglaublich mächtigen Computer sehen. Über die Jahre ist die Bandbreite der Antworten, die ich erhalte, wenn ich Menschen darüber befrage, wie sie ihren Mentalkörper visualisieren, erstaunlich geworden.

Wenn es Ihnen gelingt, Ihren Mentalkörper zu sehen, fragen Sie Ihr Herz, ob Ihr Mentalkörper bereit ist, in Ihrem Leben einen

Seelenpartner zu begrüßen. Bleiben Sie ruhig, und warten Sie darauf, dass Ihr Herz antwortet. Wenn Sie eine positive Antwort erhalten, können Sie zur nächsten Frage übergehen. Fällt die Antwort negativ aus, so können Sie sich noch etwas weiter entspannen und sich fragen, was Sie tun können, um Ihr geistiges Selbst zu einer positiven Antwort zu motivieren.

War die Bandbreite der Möglichkeiten, einen Mentalkörper zu visualisieren, groß, so ist die Bandbreite beim Emotionalkörper unglaublich groß. Offensichtlich gibt es keine zwei Menschen, die ihren Emotionalkörper auf die gleiche Weise visualisieren. Versuchen Sie nicht, logisch herauszufinden, wie Ihr Emotionalkörper aussieht. Warten Sie, bis Sie diese Übung machen und sehen Sie, was vor Ihrem geistigen Auge erscheint. Ich war überrascht, als ich herausfand, dass mein Emotionalkörper einer Aura ähnelt, die meinen physischen Körper komplett einhüllt. Er schimmert und befindet sich in einem Zustand beständiger Bewegung. Ihr Emotionalkörper ist wahrscheinlich völlig anders.

Ist es Ihnen gelungen, Ihren Emotionalkörper zu visualisieren, so fragen Sie Ihr Herz erneut, ob Sie emotional für Ihren Seelenpartner bereit sind. Ist die Antwort negativ, so wird Ihr Herz auf irgendeine Weise antworten. Es wird die Frage nicht einfach ignorieren, wie es das eventuell mit dem physischen Körper und dem Mentalkörper getan hat.

Haben Sie beim Emotionalkörper eine positive Antwort erhalten, so können Sie Ihren spirituellen Körper visualisieren. Ihr persönlicher Hintergrund und Ihre Erziehung spielen wahrscheinlich eine Rolle bei der Art und Weise, wie Sie Ihren spirituellen Körper visualisieren. Fragen Sie, ob Sie spirituell für einen Seelenpartner bereit sind, und warten Sie in aller Ruhe, bis Sie eine Antwort erhalten.

Ich werde oft gefragt, was wir tun können, wenn der spirituelle Körper eine negative Antwort gibt. Natürlich lautet die Antwort: uns spirituell weiterentwickeln. Dies kann auf vielfältige Weise erfolgen. Sie sollten für die Bedürfnisse anderer offener werden und bereit sein zu helfen, wann immer es nötig ist. Sie können lesen, studieren, meditieren und beten. Bitten Sie in Ihren Gebeten um Führung und Hilfe, um einen Seelenpartner anziehen zu können. Seien Sie bestrebt, innerlich ein schöner Mensch zu werden. Auch wenn dies in Ihrem Innern stattfindet, werden die Ergebnisse für jeden klar sichtbar sein. Sie werden Ruhe, Gelassenheit und ein stilles Vertrauen darauf entwickeln, dass das Universum sich genau so entfaltet, wie es das tun sollte. Wenn Sie merken, dass Sie auf diesem Gebiet Fortschritte gemacht haben, gehen Sie die gesamte Übung erneut durch, und beginnen Sie dabei wieder mit Ihrem physischen Körper.

Zum Abschluss müssen Sie noch Ihre Seele visualisieren. Natürlich ist Ihre Seele göttlich und hat keine Gestalt. Sie werden also nicht imstande sein, Ihre Seele tatsächlich zu sehen. Doch zum Zweck dieser Übung ist es wichtig, dass Sie diese in jeder Form oder Gestalt visualisieren, die Sie wünschen. Ich stelle mir meine Seele als glühende, goldene Lichtkugel vor. Womöglich visualisieren Sie sie auf ganz andere Weise. Das ist nicht wichtig. Wichtig ist, dass Sie sich in Ihrem Kopf ein klares Bild von ihr machen. Ihre Seele ist der Magnet, mit dem Sie Ihren Seelenpartner anziehen. In diesem Stadium haben Sie eine positive Antwort von Ihrem physischen, geistigen, emotionalen und spirituellen Körper erhalten. Sie müssen Ihre Seele nun nur noch darum bitten, die richtige Person für Sie anzuziehen. Konzentrieren Sie sich auf diese Bitte, solange Sie können. Lassen Sie schließlich los, und genießen Sie noch ein bis zwei Minuten lang das angenehme Gefühl der Entspannung, bevor Sie Ihre Augen wieder öffnen. Erzählen Sie niemandem davon. Führen Sie Ihr Leben einfach wie gewohnt weiter, im Vertrauen darauf, dass Sie die nötigen Energien entfesselt haben, um Ihren Seelenpartner anzuziehen.

Es ist unwahrscheinlich, dass Sie auf allen Ebenen eine positive Antwort erhalten, wenn Sie diese Übung das erste Mal machen. Erhalten Sie auf irgendeiner Ebene eine negative Antwort, so wiederholen Sie diese Übung erst dann, wenn Sie über diese negative Antwort ernsthaft nachgedacht haben. Normalerweise gibt es Dinge, die Sie erledigen müssen, bevor Sie das Experiment erneut angehen können. Ich kenne Menschen, die dieses Experiment drei- bis viermal täglich durchgeführt haben. Natürlich erhielten sie jedes Mal die gleiche, negative Antwort.

Jeder visualisiert die Dinge anders. Manche Menschen sind äußerst hellsichtig und können ihre verschiedenen Körper und ihre Seele mit unglaublicher Deutlichkeit sehen. Andere sehen diese viel verschwommener, während wieder andere sie überhaupt nicht sehen. Doch obgleich sie diese nicht sehen können, entwickeln sie ein starkes Gefühl dafür, dass sie da sind. Unter Umständen sind sie sogar imstande, die verschiedenen Körper geistig zu spüren oder diese auf andere Weise zu erfahren. Keine Methode ist in irgendeiner Weise besser als die andere. Wir sind alle einzigartig und reagieren auf verschiedene Dinge unterschiedlich. Dies ist einer der Gründe, weshalb man über dieses Experiment mit niemandem sprechen sollte.

Als ich begann, diese Methoden zu lehren, diskutierten wir immer hinterher über dieses Experiment. Diejenigen, die alles klar sehen konnten, hielten sich oft für viel weiter fortgeschritten als die Menschen, welchen es nicht gelang, irgendetwas zu sehen, erlebten es jedoch auf andere Weise. In Wirklichkeit war niemand weiter fortgeschritten als die anderen, doch die Menschen, welchen es nicht gelang, etwas zu sehen, fühlten sich als Versager. Dem ist nicht so. Sie erfahren dieses Experiment so, wie es für Sie richtig ist. Natürlich hörten wir auf, dieses Experiment in der Gruppe zu besprechen, sobald ich dies festgestellt hatte.

Während Sie die notwendigen Veränderungen herbeiführen, sollten Sie über Ihren Seelenpartner nachdenken. Versuchen Sie, sich diesen in Gedanken vorzustellen. Wenn Sie sich von Natur aus von Menschen mit blondem Haar angezogen fühlen, so muss Ihr Seelenpartner zwangsläufig ebenfalls blond sein. Fühlen Sie sich von großen, schlanken Menschen angezogen? Falls dem so ist, so ist es wahrscheinlich, dass Ihr Seelenpartner dies ebenfalls ist. Spricht Sie eine bestimmte Musikrichtung besonders an? Dann wird Ihr Seelenpartner sich mit Vergnügen die gleiche Musik anhören wie Sie. Gefallen Ihnen Kinofilme, Opern oder Baseball? Dann ist es sehr wahrscheinlich, dass dies Ihrem Seelenpartner ebenfalls gefällt. Ganz gleich, wo Ihre Interessen liegen, ist die Wahrscheinlichkeit hoch, dass diese auch von Ihrem Seelenpartner geteilt werden. Bauen Sie sich im Geiste ein klares Bild Ihres potenziellen Seelenpartners auf. Stellen Sie sich jede Nacht Ihren Seelenpartner geistig vor, während Sie einschlafen. Dadurch schicken Sie eine Botschaft ins Universum und bitten Ihren Seelenpartner, mit Ihnen Kontakt aufzunehmen.

Es ist auch sehr wahrscheinlich, dass Sie lebhafte Träume über Sie beide haben werden. Dies ist ein äußerst positives Anzeichen dafür, dass Ihr Seelenpartner nicht weit ist. Je lebhafter Ihre Träume sind, desto eher befindet sich Ihr Seelenpartner in Ihrer Nähe.

Arbeiten Sie an den körperlichen, geistigen, emotionalen und spirituellen Seiten Ihres Auftretens, bleiben Sie optimistisch eingestellt und bereiten Sie sich darauf vor, Ihren Seelenpartner in Ihrem Leben zu begrüßen.

Ihre Wünsche an Ihren Seelenpartner

Wir alle haben unterschiedliche Vorstellungen, was den perfekten Partner betrifft. Vielleicht wünscht sich jemand einen Partner, der ein guter Gesprächspartner ist und ausgezeichnet tanzen kann. Ein anderer hält möglicherweise Ausschau nach einer extrovertierten Person mit einem außergewöhnlichen Sinn für Humor. Ein Dritter schaut sich vielleicht nach jemandem um, der bezaubernd schön und sexy ist und darüber hinaus auch noch gerne kocht. Sie selbst suchen unter Umständen wiederum nach völlig anderen Kriterien. Ihre persönlichen Präferenzen sind wichtig. Wünschen Sie einen extrovertierten Partner, der Freude an gesellschaftlichen Aktivitäten hat, und geraten Sie dann an einen stillen, introvertierten Partner, der nichts lieber hat, als geruhsame Abende daheim, so sind bei Ihnen die Probleme schon vorprogrammiert.

Mit zunehmender Reife verändern sich unsere Bedürfnisse und Wünsche. Ein 20-Jähriger dürfte mit Sicherheit eine völlig andere Vorstellung von dem haben, was er in einer Seelenpartnerschaft möchte als ein 45-Jähriger. Jemand, der um die 70 Jahre alt ist, wird wiederum ebenfalls andere Ansprüche haben. Es ist wichtig, dass Sie in Ihrem Geist genau definieren, was Sie sich von Ihrem perfekten Seelenpartner wünschen.

Suchen Sie Kameradschaft und geruhsame Strandspaziergänge, oder sind Sie auf einen aktiven Sexpartner aus? Vielleicht möchten Sie ja beides. Es ist ganz gleich, was Sie wollen, solange es Ihnen klar ist, was Sie suchen. Wenn Sie herausgefunden haben, welche Fähigkeiten genau Sie an Ihrem Seelenpartner wünschen, können Sie eine Botschaft ans Universum schicken, mit der Sie sich eine solche Person in Ihr Leben bestellen.

Duncan kenne ich praktisch schon mein ganzes Leben lang. Wir waren nie richtig eng befreundet gewesen, doch unsere Wege haben sich bei vielen Gelegenheiten gekreuzt. Ich erinnere mich lebhaft daran, wie entschlossen er war, seine erste Million mit 25 zu machen. Es gelang ihm, und er hat inzwischen mehrere erfolgreiche Unternehmen unter sich. Das brachte ihm jedoch wenig Befriedigung ein, da er auf seinem Weg jeden anderen Aspekt des Lebens ignoriert hatte.

Auf einem langen Flug beobachtete Duncan ein junges Pärchen, das schwer verliebt war. Er wurde sich einer tiefen Einsamkeit in seinem Innern bewusst, die er seit Jahren zu ignorieren versucht hatte. Er hatte reichlich Geld, doch auf der ganzen Welt gab es niemanden, den er als wahren Freund bezeichnen konnte. Bei der Landung hatte er eine tiefe Seelendurchforstung hinter sich und mehrere Entscheidungen getroffen. Er wollte wieder körperlich fit werden und einige Interessen aufgreifen, die keinerlei Bezug zu seiner Arbeit und zu Geld hatten, und eine ganz besondere Frau finden, mit der er sein Leben teilen wollte.

Er dachte sehr intensiv darüber nach, was er von einer Partnerin erwartete. Obgleich er den Begriff ›Seelenpartner‹ nicht kannte, hielt

er eigentlich genau danach Ausschau. »Ich wollte eine ganz besondere Partnerin, um mit ihr mein Leben zu teilen«, erklärte er mir
Jahre später. »Sie sollte körperlich attraktiv sein, doch das war mir
weniger wichtig als ihre Intelligenz. Ich wünschte mir eine Partnerin, mit der ich schöne, lange Gespräche führen und die frei über
alles sprechen kann. Wir sollten ähnliche Interessen haben, so dass
wir diese gemeinsam ausüben können. Ich wollte eine Freundin, die
mir helfen würde, aus meinem Schneckenhaus zu kriechen, wie
man so schön sagt. In Gruppensituationen war ich noch nie gut gewesen. Ich wollte eine Partnerin, der es leicht fällt, sich unter andere zu mischen und die mir helfen kann, in solchen Situationen ge-
lassener zu werden. Und natürlich sollte sie auch sexuell attraktiv
sein.

Duncan fiel dies sehr schwer, da er sich so sehr auf sein Streben
nach Macht und Geld konzentriert hatte, dass vieles, was für andere
selbstverständlich ist, an ihm vorübergegangen war. Duncan verhielt
sich Frauen gegenüber merkwürdig und fand es schwierig, ein Gespräch zu beginnen, bei dem es nicht ums Geschäft ging. Er musste
lange nachforschen und herumexperimentieren, bis er ein Hobby
fand, das ihn interessierte. Er versuchte, Golf und Tennis zu spielen,
fand es jedoch zeitraubend und unerquicklich. Er betrachtete die
meisten Dinge als Zeitverschwendung, da sie ihn von möglicherweise lukrativen Gelegenheiten abhielten. Schließlich schloss er sich einer Gruppe von Liebhabern von Modelleisenbahnen an und begann, die meisten Sonntage damit zu verbringen, benachteiligte Kinder zu Fahrten auf Miniatur-Dampfeisenbahnen einzuladen. Besonderen Gefallen fand er am Spiel mit Kleinkindern. Er stellte außerdem fest, dass er seine sonstige Reserviertheit verloren hatte, weil er
mit seinen jungen Passagieren lachte und Spaß hatte.

An einem Wochenende bemerkte er, dass ihn eine attraktiv geklei-
dete Frau dabei beobachtete, wie er kleine Kinder zu einer weiteren
Fahrt in die kleinen Wägen schob. Sie blieb etwa eine Stunde da. Er
wollte sie schrecklich gern ansprechen, war jedoch zu schüchtern

dazu. Als er schließlich seinen ganzen Mut zusammengenommen hatte, war sie verschwunden. Doch zwei Wochen später kam sie wieder, und diesmal war er fest entschlossen, die Gelegenheit nicht wieder vorüberziehen zu lassen. Er bat einen der anderen freiwilligen Helfer, die Bahn zu fahren und ging zu ihr hinüber.

»Ich habe Sie neulich schon hier gesehen«, sagte er. »Gefallen Ihnen Eisenbahnen?«

Die Frau lachte. »Nicht wirklich«, sagte sie. »Ich sehe einfach gern die glücklichen Gesichter der Kinder.«

»Das hat auch mich hierher geführt«, gab er zu. Bevor er es sich versah, hatte er arrangiert, sie am nächsten Abend zum Essen auszuführen. Vier Monate später verlobten sie sich.

»Endlich habe ich das Gefühl, richtig zu leben«, erklärte er mir auf ihrer Verlobungsparty. »Ich fühlte mich von einer inneren Kraft getrieben. Ich brauchte jene Flugreise damals, um mein Leben in die richtige Perspektive zu rücken.«

Sie sind nun seit mehr als zehn Jahren verheiratet und äußerst glücklich. Duncan kann seine Geschäfte von Zuhause aus leiten und arbeitet selten länger als 40 Wochenstunden. Er hat immer noch Freude an den Miniatureisenbahnen. An den meisten Wochenenden wird er von seiner Frau begleitet.

Interessant ist, dass für Duncan die sexuelle Anziehung weniger wichtig war als Intelligenz und ähnliche Aspekte. Wäre er 20 Jahre jünger gewesen, so hätte seine Liste der Wunscheigenschaften wahrscheinlich völlig anders ausgesehen. Obgleich Duncan nicht bewusst nach einer Seelenpartnerin Ausschau gehalten hatte, hatte er eine Liste von Attributen aufgestellt, die er sich besonders wünschte. Indem er nicht davon abgerückt war, hat er die Botschaft ausgesandt. Mehrere Monate später kam seine Seelenpartnerin auf ihn zu. Wäre er nur auf Geld und Geschäft fixiert geblieben, so wäre er seiner Seelenpartnerin wahrscheinlich niemals begegnet.

4

Habe ich mehr als einen Seelenpartner?

Das Leben ist eine Blume, und Liebe ist ihr Honig.

Victor Hugo

Viele Menschen glauben, dass es auf der ganzen Welt nur einen einzigen Seelenpartner für sie gibt. Glücklicherweise ist dies nicht der Fall. Wie schrecklich wäre es, wenn Sie in Iowa lebten, Ihr einziger Seelenpartner jedoch in Finnland. Mit großer Wahrscheinlichkeit finden Sie in dem Dorf oder in der Stadt, in der Sie gerade leben, einen Seelenpartner. Sie müssen nicht auf die andere Seite des Globus ziehen, um mit Ihrem Seelenpartner zusammenzukommen. Denn wir begegnen unseren Seelenpartnern nicht rein zufällig. Unsere Seelenpartner treten in unser Leben, damit wir beide die Erfahrungen machen können, die wir brauchen, um in dieser Inkarnation voranzukommen.

Aus alten Mythen können wir wertvolle Wahrheiten erfahren, die wir ansonsten nicht verstehen würden. Im gesamten Orient, wo die Reinkarnation als eine Grundtatsache des Lebens gilt, gibt es alte Schriften, die uns erklären, dass die Seele ursprünglich sowohl aus den männlichen als auch aus den weiblichen Prinzipien bestand. Diese göttliche Energie wird durch einen Teilungsprozess über die ganze Welt verstreut. Zellgruppen konzentrieren sich an verschiedenen Orten und warten darauf, in einzelne Seelen verwandelt zu werden. Je kleiner die Gruppe, desto enger die Verbindung, die diese Zellen miteinander haben. Später, in menschlicher Gestalt, erkennen sich diese Zellen augenblicklich wieder, sobald sie sich zufällig treffen. Die anderen Zellen der Gruppe, zu der Sie gehörten, sind alle Ihre Seelenpartner. Sobald sich zwei Seelenpartner begegnen, fühlen sie sich auf Seelenebene sofort voneinander angezogen und erkennen sich wieder.

In Nigeria glaubt man, dass die Menschen es organisieren können, im nächsten Leben gemeinsam wiedergeboren zu werden, damit sie bestimmte Dinge gemeinsam tun können. Wird jemand wiedergeboren, möchte sich aber an dem gemeinsamen Unternehmen nicht mehr beteiligen, so wird er durch eine merkwürdige Form geistiger Verwirrung bestraft, die sich nur beseitigen lässt, indem die betreffende Person sich von einem eingeborenen Arzt von dieser Vereinbarung entbinden lässt.[1]

Wenn man an »Seelenpartner« denkt, denkt man ganz automatisch an eine perfekte, romantische Beziehung zwischen Mann und Frau. Doch es gibt viele weitere Möglichkeiten der Seelenpartnerschaft. Vielleicht haben Sie eine äußerst enge Freundschaft zu Ihrem besten Kumpel aus Ihrer Kindheit. Dabei handelt es sich sehr wahrscheinlich um eine Seelenpartnerschaft, obgleich diese nicht romantischer Natur ist. Möglicherweise haben Sie eine besondere Beziehung zu einem Kollegen am Arbeitsplatz, die sehr gut eine Seelenpartnerschaft sein könnte.

Menschen, die Sie auf verschiedenste Weise in Ihren früheren Leben beeinflusst und berührt haben, können mit einiger Wahrscheinlichkeit in diesem Leben Ihre Seelenpartner sein. Auch wenn es sich bei keiner von diesen um romantische Beziehungen handeln mag, werden sie für jeden Beteiligten stets neue Erfahrungen bieten.

Waren Sie in einem vergangenen Leben mit jemandem extrem gut befreundet, werden Sie auch in diesem Leben eine tiefe Bindung spüren und die Gelegenheit haben, Ihre Freundschaft auszudehnen und weiterzuentwickeln. Hassten Sie umgekehrt in einem früheren

Leben eine bestimmte Person, so werden Sie diese erkennen und die Gelegenheit erhalten, Freunde zu werden, oder vielleicht auch einige der positiven Aspekte dieses Menschen in diesem Leben erkennen. Beide Personen könnten sehr wohl Ihre Seelenpartner sein.

Auch in Liebesbeziehungen sind Sie nicht auf einen einzigen Seelenpartner beschränkt. Seelenpartner können in Ihr Leben treten und wieder gehen. Folglich kann eine Seelenpartnerschaft sogar mit einer Scheidung oder dem Tod enden. Endete Ihre Seelenpartnerschaft auf diese Weise, können Sie immer noch eine andere Seelenpartnerschaft in Ihr Leben ziehen.

Es gibt heutzutage rund sieben Milliarden Menschen auf der Welt. Es bieten sich Ihnen viele, viele Gelegenheiten, den richtigen Seelenpartner in Ihr Leben zu ziehen.

Ich habe einen älteren Freund namens Bill. Er war bereits dreimal verheiratet und ist überzeugt davon, dass er alle drei seiner Ehen mit Seelenpartnerinnen geschlossen hatte. Zum ersten Mal heiratete er im Alter von 20 Jahren. Seine Frau war damals gerade einmal 17 Jahre alt geworden.

»Wir sind beide viel zu jung gewesen«, gibt er zu. »Doch wir haben uns sehr darum bemüht, dass es klappte. Von Betsy habe ich viel gelernt, und ich bin mir sicher, dass sie auch etwas von mir gelernt hat. Wir hatten zwei Kinder innerhalb von drei Jahren, und als meine Frau wieder schwanger wurde, beschloss sie, dass es genug war. Wir trennten uns, waren wieder zusammen, trennten uns erneut und waren wieder zusammen. Ich wusste damals nichts von Seelenpartnern, war mir aber bewusst, dass uns irgendeine karmische Sache zusammenhielt, auch wenn mir all meine Instinkte sagten, dass es vorbei war. Es war eine unglückliche Ehe, wirklich, aber ich war trotzdem am Boden zerstört, als wir uns das letzte Mal trennten.

Danach blieb ich mehrere Jahre lang solo. Meine zweite Frau trat buchstäblich durch Zauberei in mein Leben. Sie war die Assistentin eines Zauberers. Als sie ins Publikum herunterkam, um einen Freiwilligen auszusuchen, wählte sie mich. Ich habe immer gesagt, dass sie mich hypnotisiert hat. Etwa ein Jahr später heirateten wir und hatten ein wundervolles Leben miteinander. Natürlich mit allen Höhen und Tiefen, versteht sich. Berufsbedingt war ich jeden Monat eine Woche lang außer Haus, doch jedes Mal, wenn ich wiederkam, war es so, als wären wir wieder in den Flitterwochen. Wir hatten 40 unglaublich schöne Jahre miteinander.

Als sie vor vier Jahren verstarb, hätte ich niemals davon zu träumen gewagt, dass ich nochmals eine andere Partnerin finden würde. Doch zwei Jahre später begegnete ich Adele, und mein Leben ist seitdem absolut perfekt. Wir liegen exakt auf derselben Wellenlänge. Wir können gegenseitig unsere Gedanken lesen - darin ist sie besser als ich - und denken genau das Gleiche. Ich habe von all meinen Frauen etwas gelernt, und, ja, ich bin überzeugt davon, dass jede von ihnen eine meiner Seelenpartnerinnen war, die in mein Leben traten, um mir die Dinge beizubringen, die ich lernen sollte.«

Bill ist mit seiner ersten Frau heute noch gut befreundet. »Erst letzte Woche habe ich sie ins Kino eingeladen«, erzählte er mir. »Wir tun das hin und wieder, da ihr Mann Kinofilme nicht mag, aber ich schon. Adele trifft sich Dienstagabend mit ihrem Stickkurs. Da lade ich Betsy ins Kino ein. Das eröffnet uns die Möglichkeit, uns über unsere Kinder und Enkelkinder auszutauschen. Wir können über alles reden. Normalerweise haben wir alle Probleme der Welt gelöst, wenn ich sie wieder heimfahre!«

Bill hält sich für einen extremen Glückspilz. Doch es geht noch viel weiter. Er ist mindestens drei seiner Seelenpartner begegnet. Die meisten Menschen begegnen nicht einmal einem. Bill macht offensichtlich etwas richtig.

»Alles, was ich tue«, erzählte er mir, »besteht darin, dass ich die Botschaft abschicke. Ich denke an die perfekte Frau und daran, wie sehr ich sie lieben und umsorgen würde. Ich tue dies bei jeder Gelegenheit. Früher oder später begegnen wir uns. Mehr braucht es dazu nicht!«

Bill schafft eine Atmosphäre positiver Erwartung. Er bleibt positiv und vertraut darauf, dass diese besondere Person in sein Leben treten wird. Und, wie er sagt, »früher oder später« passiert es. Bill ist sowieso von Natur aus ein positiver Mensch. Er brauchte einige Jahre, um seine zweite Seelenpartnerin zu finden, doch er blieb im Stillen gelassen und positiv, dass es passieren würde. Die meisten Menschen hätten schon längst aufgegeben, doch Bill ist sich bewusst, dass wir in unser Leben ziehen, woran wir denken.

Es ist auch möglich, mehr als einen Seelenpartner zugleich zu haben. Diese Erkenntnis hatte ich 1983. Bis zu diesem Moment hatte ich bereits Hunderte von Menschen in ihre früheren Leben zurückversetzt und glaubte, alles zu wissen, was es über dieses Thema Wissenswertes gab. Heute weiß ich, dass diese Art zu denken meist den Punkt in meinem Leben markiert, an dem mein wahres Lernen gerade erst seinen Anfang nimmt.

An jenem Morgen besuchte mich um 10 Uhr morgens eine Frau namens Shirley zu einer Rückführungssitzung. Ich war ihr von einem anderen Klienten empfohlen worden. Sie schien angesichts der Aussicht, eines ihrer früheren Leben zu entdecken, sehr gespannt, als sie die Sitzung buchte. Kurz bevor sie ankam, rief mich eine weitere Dame an und buchte eine Rückführung für den Nachmittag.

Shirley war eine intelligente, lebenslustige Frau Anfang 30. Sie war bereits einige Jahre zuvor hypnotisiert worden, um die Heilung einer Essstörung zu unterstützen. Folglich hatte sie keinerlei Ängste, hypnotisiert zu werden und begab sich ohne Schwierigkeiten in Trance.

Ihre Rückführung war interessant. Sie erinnerte sich an ein Leben im Italien des 19. Jahrhunderts. Sie wurde ›Elisetta‹ gerufen und war das älteste Kind einer zwölfköpfigen Familie, die auf einem kleinen Bauernhof in Norditalien ein Selbstversorgerleben führte. Mit 20 verliebte sie sich in Luigi, den Sohn eines benachbarten Bauern. Sie hatte ihn stets bewundert. Zum Helden wurde er für sie jedoch, als er Garibaldis Truppe der Freiheitskämpfer beitrat. Leider hatte Luigi

bereits eine Freundin. Es war Carolina, die von Kindheit an Eliset-
tas beste Freundin gewesen war.

Luigi genoss seine glanzvolle Zeit und fühlte sich von der Aufmerksamkeit der beiden schönen Frauen geschmeichelt. Er schwor
Elisetta, dass er seine Beziehung zu Carolina beendet hatte. In Wirklichkeit stimmte es aber nicht. Luigi versuchte, mit beiden eine Affäre zu haben. Dies war in einem kleinen Dorf unmöglich. Als die
Mädchen es herausfanden, lieferten sie sich auf dem Dorfplatz einen Kampf. Hinterher verziehen sie einander und schworen beide,
Luigi nie mehr zu sehen.

Glücklicherweise hatte Luigi zu diesem Zeitpunkt bereits das
Dorf verlassen, und es kehrte wieder Normalität in ihr Leben ein. Einige Monate später kam er zurück und versuchte, mit beiden Mädchen eine Beziehung einzugehen. Wiederum versprach er beiden, er
hätte kein Interesse an ihrer jeweiligen Rivalin. Natürlich war es unmöglich, dies geheim zu halten, und die Mädchen, die von Kindheit
an Freundinnen gewesen waren, wurden erneut zu Rivalinnen.

Eines Tages machten Carolina und Elisetta ein Picknick. Carolina reichte ihrer Freundin ein Glas vergifteten Weines. Elisetta stieß
es versehentlich um, bevor sie es trinken konnte. Carolina nahm die
Tonkaraffe mit dem Wein hoch und schlug diese Elisetta auf den
Kopf. Sie war auf der Stelle tot.

Eine spannende Geschichte, doch als Shirley meine Praxis verlassen hatte, war ich zu beschäftigt, um weiter darüber nachzudenken.
An jenem Nachmittag hatte ich meine zweite Rückführung an diesem Tag. Cynthia hatte in etwa das gleiche Alter wie Shirley. Sie war
eine ungemein attraktive Blondine mit durchdringenden blauen Augen. Sie erzählte mir, dass etwas in ihrem Innern sie dazu getrieben
hatte, mich an jenem Morgen anzurufen. Bis vor wenigen Tagen
hatte sie nie an die Möglichkeit der Reinkarnation gedacht.

Es dauerte eine Weile, bevor sie entspannt genug war, um sich
hypnotisieren zu lassen, doch auch sie glitt sanft und leicht in den ge-
wünschten Zustand. Als sie mir von ihrem früheren Leben in einem

kleinen Dorf in Norditalien erzählte, hatte ich das Gefühl eines starken Déjà-vu-Erlebnisses. Aus dem, was sie erzählte, ergab sich ganz offensichtlich, dass sie in jener früheren Inkarnation Carolina gewesen war. Ich ließ mir dies bestätigen, indem ich sie nach ihrem Namen fragte. Dann bat ich sie darum, mir über Elisetta zu erzählen.

»Elisetta!« Der Hass und das Gift in ihrer Stimme sprachen Bände. Mit tiefer Stimme, fast schon knurrend, berichtete Carolina mir von ihrer Beziehung zu dem Mädchen von nebenan. Wie sie die besten Freundinnen gewesen waren, bis sie sich beide in Luigi verliebten.

»Ich hatte ihn zuerst!«, stieß Carolina hervor. »Er gehörte mir!«

»Was hast du getan?«, fragte ich, obwohl ich die Antwort bereits kannte.

»Wir kämpften um ihn. Auf dem Marktplatz. Ich riss ihr büschelweise die Haare aus.«

»Dann ging er weg.«

Carolina seufzte tief und grunzte. »Elisetta und ich wurden wieder Freundinnen. Es war so, als sei nie etwas geschehen. Außer dass ich Luigi vermisste.«

»Was passierte, als er wiederkam?«

»Er kehrte zu mir zurück. Doch dann hat Elisetta wieder ihre Krallen nach ihm ausgestreckt. Sie machte die Beine breit, und Luigi wurde schwach.«

»Was hast du gemacht?«

»Ich habe nachgedacht und nachgedacht. Ich habe nie gezeigt, dass ich wusste, was los war. Ich tat so, als seien wir noch immer Freundinnen.

Dann habe ich sie zu einem Picknick eingeladen. Ich schüttete ihr Gift in den Wein. Als wir an unserem Lieblingspicknickplatz angekommen waren, goss ich ihr ein Glas ein. Doch die dumme Hure stieß es um. Sie erriet an meinem Blick, was ich vorhatte. Sie begann aufzustehen. Ich griff nach der Flasche und schlug sie ihr über den Kopf. Ich schlug immer wieder auf sie ein, bis ...«

Carolina begann leise zu schluchzen. Ich wies sie an, von der Szene Abstand zu nehmen und sie als Unbeteiligte zu betrachten, als ob es alles einer anderen Person geschehen wäre. Als sie aufgehört hatte zu weinen, bat ich sie weiterzuerzählen.

»Ich zerrte sie zu einer Klippe und stieß sie hinab. Dann kehrte ich nach Hause zurück und erzählte jedem von dem schrecklichen Unfall. Niemand stellte es in Frage, doch ich wusste, dass jedem klar war, was ich getan hatte. Ich ging jeden Tag in die Kirche, konnte jedoch nicht vergessen, mit welchem Blick mir Elisetta in die Augen geschaut hatte. Wenn Luigi mit mir schlief, war es nicht mehr wie früher. Er roch unangenehm, und sein Sex war rau und roh. Ich konnte gar nicht verstehen, was ich jemals an ihm gefunden hatte.«

Carolina hielt inne und schüttelte langsam den Kopf von einer Seite zur anderen. Ich wartete eine Minute lang und bat sie dann weiterzuerzählen.

»Eines Tages wachte ich früh auf und verließ das Haus. Es war Winter. Ich wusste nicht, wohin ich ging. Ich stieg den Berg hoch und suchte nach einer geeigneten Stelle. Ich hatte schreckliche Angst, in mir herrschte jedoch Kälte. Innerlich war ich schon tot, und ich wusste, ich würde in die Hölle kommen.«

Wieder machte Carolina eine Pause. Sie zitterte, obwohl es im Raum warm war.

»O.k.«, sagte ich, nachdem eine Minute verstrichen war. »Ich möchte, dass du dich selbst ohne Schmerz und ohne Emotion in den letzten Minuten jenes Lebens siehst, das wir gerade erforschen.«

»Es ist kalt«, sagte Carolina. »Und ich kann es einfach nicht tun. Ich will mich von den Klippen hinabstürzen, doch ich kann es nicht. Es ist so kalt, und ich bin so müde.«

»O.k.«, sagte ich. »Wir befinden uns jetzt gerade einige Augenblicke nach deinem physischen Tod. Du kannst auf deinen Körper hinabschauen. Was siehst du?«

»Schnee. Überall Schnee. Er wird bald meine Leiche ganz bedecken.«

Carolina war nicht imstande gewesen, den Selbstmord so zu begehen, wie sie es sich vorgenommen hatte, doch die schneidende Kälte und der Schnee taten das ihrige für sie.

Als sie zu vollem Bewusstsein zurückkehrte, befragte ich Cynthia zu ihrer Rückführung und fragte sie, ob sie Elisetta oder Luigi in diesem Leben kannte.

»Ich habe Elisetta niemals gesehen, doch Luigi ist mein Verlobter. Er heißt Tom. Wir werden in ein paar Monaten heiraten.«

Ich hatte überlegt, ob ich Cynthia Shirley vorstellen sollte, doch dies ließ mich meine Meinung ändern. Ich mochte den Gedanken nicht, dass die Geschichte sich wiederholen und ich der Katalysator sein könnte, um alles ins Rollen zu bringen.

Doch ich hätte wissen können, dass es, wenn Shirley, Cynthia und Tom in einem früheren Leben zusammengewesen waren, einen Grund dafür geben musste, dass sie alle wieder lebten und heute alle in der gleichen Stadt wohnten.

Immer, wenn ich Rückführungen mache, bitte ich meine Klienten, mich einige Tage später zurückzurufen, um mir weitere Informationen mitzuteilen, die sich für sie ergeben haben. Normalerweise kehren sehr viel mehr Informationen über die frühere Inkarnation zurück, sobald die Tür zum vergangenen Leben einmal geöffnet wurde, und ich erfahre gern mehr darüber.

Shirley war die Erste, die mich anrief. »Weißt du, als du mich fragtest, ob ich Carolina oder Luigi in diesem Leben kenne, sagte ich ›Nein‹. Doch ich war mir nicht zu 100 Prozent sicher. Jetzt weiß ich, wer Carolina war.«

»Ja, du weißt das? Wer ist sie?«

»Ich kenne ihren Namen nicht. Aber sie ist eine große, blonde Frau, die im gleichen Gebäude arbeitet wie ich. Ich bin schon einige Male mit ihr im Aufzug gefahren und hatte immer das seltsame Gefühl, dass ich sie irgendwie kenne. Ich weiß, dass dem nicht so ist, daher habe ich sie nie angesprochen.« Shirley berichtete mir dann von einigen weiteren Details, die ans Licht gekommen waren. Sie beendete das Gespräch mit der Frage, ob sie sich der blonden Dame vorstellen solle.

Innerlich starb ich fast bei dem Gedanken, die beiden würden sich begegnen, und ich machte mir Sorgen über die möglichen Verstrickungen. Ich schlug vor, dass Shirley erst einmal einige Tage darüber nachdenken sollte.

Am nächsten Morgen rief Cynthia an. »Weißt du, diese Sitzung hat mir enorm geholfen«, begann sie. »Mein ganzes Leben lang war ich auf alles neidisch gewesen. Ich wollte niemals mit anderen teilen. Jetzt kenne ich die Ursache dafür und habe begonnen, mich zu verändern. Sogar Tom hat es bemerkt. Gestern Abend gingen wir zu einer Party. Er sprach eine halbe Stunde lang mit einer schönen Frau – und ich war überhaupt nicht eifersüchtig. Vorher wäre ich auf ihn zugestürmt und hätte ihn weggezerrt. Dann hätten wir später deswegen gestritten.«

»Hervorragend«, sagte ich. »Ich stelle fest, dass diese Rückführungen quasi jedem eine Hilfe sind.«

»Oh«, sagte Cynthia beinahe beiläufig. »Ich glaube, ich weiß, wer Elisetta ist.«

Ich lachte. »Sie kennt dich auch.«

»Es ist komisch. Vom Sehen her kenne ich sie schon lange. Ich hatte immer das Gefühl, dass ich sie irgendwie kenne.«

»Sie hat genau das gleiche Gefühl.«

Cynthia zeigte sich in keiner Weise überrascht darüber, dass ich zu wissen schien, wer Elisetta war. »Ich werde sie heute ansprechen.«

Shirley und Cynthia gingen am nächsten Tag gemeinsam Mittagessen. Sie entdeckten, dass sie, obwohl sie sich niemals begegnet waren, gemeinsame Freunde hatten und während ihrer Schulzeit sogar gegeneinander zum Hockeyspiel angetreten waren. Es bestand augenblicklich eine Verbindung zwischen ihnen, als ob sie sich schon immer kannten, was in Wirklichkeit ja stimmte. Cynthia hatte keine Bedenken, Shirley Tom vorzustellen. Wieder war da ein augenblickliches Wiedererkennen und eine tiefe Sympathie füreinander, als ob sie sich schon immer gekannt hätten. Doch diesmal stritten die beiden Frauen nicht um den gleichen Mann. Shirley war glücklich verheiratet und fasziniert, Tom zu begegnen, hatte jedoch nicht die Absicht, das zu wiederholen, was sich in ihrem vergangenen Leben abgespielt hatte.

Tom weigerte sich, mir zu begegnen. Beide Frauen wünschten sich, dass er sich rückführen lassen würde, doch er zog den Gedanken nicht einmal in Erwägung. Er erkannte die sofortige Verbindung und Bande zwischen den dreien an, hatte jedoch nicht den Wunsch, selbst eine Rückführung zu erleben.

Einige Jahre später kam Shirley zu mir zurück und ließ sich erneut rückführen. Cynthia und Tom traten als ihre beiden Brüder auf, doch es bestand kein Liebesinteresse.

Mein erster Gedanke galt dem unglaublichen Zufall, dass ausgerechnet ich zwei der drei betroffenen Menschen rückführen sollte, noch dazu am gleichen Tag. Doch als ich weiter darüber nachdachte, erschien es mir weniger überraschend. Shirleys Wunsch, ihre früheren Leben zu erforschen, sandte offensichtlich Energie ins Universum. Diese wurde unbewusst von Cynthia aufgefangen. Das erklärt wahrscheinlich, weshalb sie anrief und genau eine Stunde, bevor Shirley vorbeikommen sollte, einen Termin ausmachte.

Der andere Gedanke, der mir kam, war, wie untrennbar innig verbunden sich diese drei Menschen doch miteinander fühlten. In der Tat waren sie alle drei Seelenpartner untereinander. Offensichtlich waren sie alle zur gleichen Zeit und zum gleichen Ort in diese Welt zurückgekehrt, um weiterhin gemeinsam die Lektionen zu lernen, die sie alle betrafen.

Ich blieb mit den beiden Frauen einige Jahre lang in Verbindung, doch allmählich verloren wir den Kontakt. Vor etwa fünf Jahren kam Cynthia zu einer Gesprächsrunde, die ich abhielt, und hinterher trank ich eine Tasse Kaffee mit ihr. Cynthia, Tom und Shirley waren enge Freunde geworden und hatten für kurze Zeit ein gemeinsames Unternehmen besessen und betrieben. Cynthia und Tom waren glücklich verheiratet. Shirley hatte geheiratet und ließ sich wieder scheiden, befand sich nun aber in einer festen Beziehung mit einem anderen Mann. Sie waren alle äußerst glücklich, und die beiden Paare trafen sich so gut wie jede Woche.

Es gibt auch Beweise dafür, dass ganze Menschengruppen zu mancherlei Zielen gemeinsam inkarnieren. Dr. Arthur Guirdham, ein britischer Psychiater und Autor von 14 Büchern, kam allmählich zu der Überzeugung, dass er zusammen mit einer Gruppe anderer Menschen über einen Zeitraum von 2.000 Jahren hinweg bereits mindestens fünfmal gemeinsam inkarniert war.[2]

Edgar Cayce glaubte, dass die Menschen, die an den Überfällen der Konquistadoren in Mexiko und Peru unter Hernando Cortés und Francisco Pizzaro beteiligt waren, im 20. Jahrhundert reinkarniert waren, um ihre Sünden im spanischen Bürgerkrieg zu sühnen.[3]

Es besteht kein Anlass zu Panik oder Sorge, wenn Sie länger brauchen als Sie dachten, um Ihren Seelenpartner zu finden. Sie müssen einzig und allein geduldig sein und die Botschaft losschicken. Sie sind über eine Art magnetische Anziehungskraft mit Ihrem Seelenpartner verbunden. Früher oder später wird Ihr Seelenpartner in Ihr Leben treten. Später werden wir in diesem Buch einige Übungen vorstellen, die Ihnen dabei helfen, Ihre magnetische Anziehung zu festigen. Diese Übungen sind dazu entwickelt, den Prozess zu beschleunigen, durch den Sie Ihren Seelenpartner finden – doch Sie müssen selbst bereit dazu sein. Wenn Sie merken, dass Sie noch nicht bereit sind, Ihren Seelenpartner zu treffen, lesen Sie die Übungen durch. Gehen Sie diese jedoch erst an, wenn Sie sicher sind, dass die Zeit gekommen ist.

Viele, viele Seelenpartner warten darauf, Ihnen zu begegnen. Einen Seelenpartner zu finden ist wahrscheinlich die aufregendste und erfüllendste Sache auf der Welt. Ihr Leben wird sich über Nacht ändern. Sie werden den Eindruck haben, Sie hätten Ihr ganzes Leben lang nur in den Kategorien schwarz und weiß gelebt. Wenn Sie Ihrem Seelenpartner begegnen, ist Ihr Leben plötzlich von Glanz und

Farbe erfüllt. Ein weiterer Vergleich findet sich in dem berühmten Bibelzitat: »Wir sehen jetzt durch einen Spiegel in einem dunklen Wort; aber dann von Angesicht zu Angesicht.« (1. Korinther 13,12).

Zwillingsseelen

Neben Ihren Seelenpartnern gibt es auch eine Zwillingsseele, die sich auf der Suche nach Ihnen befindet. Diese Zwillingsseele ist Ihre andere Hälfte aus der Zeit, als wir alle ganz waren. Es ist höchst unwahrscheinlich, dass Sie Ihrer Zwillingsseele in dieser Inkarnation begegnen werden. Es hat den Anschein, als trete Ihre Zwillingsseele in Ihr Leben, wenn Sie beide Ihr letztes Leben auf dieser irdischen Ebene führen. Eine Zwillingsseelen-Partnerschaft ist eine unglaublich perfekte Partnerschaft auf jeder Ebene.

Sie und Ihre Zwillingsseele werden sich auf der körperlichen, geistigen, emotionalen, spirituellen und Seelenebene miteinander verbinden. Die meisten Menschen verbinden sich mit ihrem Partner auf einer Ebene und haben auf keiner anderen Ebene eine Verbindung. Gute Beziehungen entstehen, wenn die Partner sich auf zwei Ebenen begegnen. Stellen Sie sich vor, wie es sein muss, wenn Sie auf allen fünf Ebenen mit Ihrem Partner verbunden sind.

Mit einem Menschen auf jeder Ebene völlig verbunden zu sein ist eine Freude, die wir alle eines Tages erleben werden, auch wenn dieser Tag möglicherweise viele Inkarnationen weit weg sein mag. Inzwischen können wir jedoch eine dankbare, erfreuliche, erfüllende Beziehung mit einem unserer Seelenpartner genießen.

So ziehen Sie einen Seelenpartner in Ihr Leben

Wenn es etwas Besseres gibt, als geliebt zu werden,
so ist es zu lieben.

Anonym

Wir haben bereits allgemein erwähnt, wie Sie einen Seelenpartner in Ihr Leben ziehen können. Sie müssen sich körperlich, geistig, emotional und spirituell vorbereiten und dann geduldig, jedoch erwartungsvoll warten. Letzteres verursacht vielen Menschen Probleme. Sie müssen nicht nur geduldig warten, was an sich schon keine geringe Aufgabe ist, sondern dabei auch noch beständig erwartungsfroh bleiben. Dadurch verwandeln Sie sich in der Tat in einen Magneten, mit dem Sie Ihren Seelenpartner in Ihr Leben ziehen werden.

Es gibt viele Dinge, die Sie tun können, während Sie warten. Eines der wichtigsten Dinge besteht darin, die Vergangenheit loszulassen. Machen Sie die Übung in Kapitel 3, und lassen Sie all die überflüssige Last los, die Sie zurückzieht. Das Freiheitsgefühl, das Sie nach dieser Übung verspüren werden, ist unglaublich. Sie müssen diese Übung unter Umständen einige Male machen , um letztendlich alle überholten Dinge ablegen zu können.

Erstellen Sie eine Liste all der Qualitäten, die Ihr Seelenpartner haben soll. Seien Sie so spezifisch, wie Sie nur können. Wenn Sie vergessen, das ungefähre Alter des Betreffenden anzugeben, kann es beispielsweise sein, dass Sie einen Seelenpartner anziehen, der 90 Jahre alt ist. Stellen Sie sich Ihren Seelenpartner vor Ihrem geistigen Auge so deutlich wie möglich vor, und schreiben Sie alle Eigenschaften auf, die Sie sehen. Es ist vielleicht keine schlechte Idee, dies über einige Tage hinweg zu tun. Immer, wenn Ihnen etwas einfällt, setzen Sie es ebenfalls auf Ihre Liste. Indem Sie auf diese Weise eine Liste erstellen, entscheiden Sie bewusst, welche Qualitäten Sie sich bei Ihrem Seelenpartner wünschen, anstatt irgendetwas in Ihr Leben zu ziehen, was Ihr Unterbewusstsein anzieht. Tragen Sie diese Liste immer bei sich, egal, wo Sie hingehen, und lesen Sie diese, wann immer Sie einen freien Moment haben.

Denken Sie, wenn Sie abends zu Bett gehen, an Ihren Seelenpartner, während Sie in den Schlaf gleiten. Stellen Sie sich ihn vor Ihrem geistigen Auge so deutlich wie möglich vor. Sehen Sie vor sich, wie Sie gemeinsam angenehme Aktivitäten unternehmen. Dadurch werden Sie Ihren Seelenpartner im Schlaf anziehen.

Sie können in der Tat in Ihren Träumen miteinander in Kontakt treten. Wenn Sie sich endlich begegnen, werden Sie möglicherweise feststellen, dass Sie genau dieselben Träume hatten.

Denken Sie auch in freien Momenten im Laufe des Tages immer wieder an Ihren Seelenpartner. All dies bringt zusätzliche Kraft, die Ihren Seelenpartner weiter in Ihre Richtung bewegt. Wie Sie wissen, sind wir, was wir denken, und wir ziehen das an, woran wir denken. Indem Sie mehrmals am Tag an Ihren Seelenpartner denken, verstärken Sie Ihre persönliche Anziehungskraft und senden damit eine Botschaft an Ihren Seelenpartner.

Entfernen Sie alles aus Ihrem Haushalt, was an frühere Partner erinnert. Diese Dinge wirken abstoßend auf neue Partnerschaften. Das ist im Schlafzimmer besonders wichtig. Vielleicht widerstrebt es Ihnen, alte Fotos und Erinnerungsstücke auszusortieren, doch sie sollten zumindest außer Sichtweite sein, damit Sie einen Seelenpartner anziehen können.[1]

Bleiben Sie positiv. Dies bedeutet, dass Sie sich durch nichts davon abbringen lassen sollten, darauf zu vertrauen, dass Sie Ihren Seelenpartner finden werden. Es bedeutet auch, dass Sie sich positive Gedanken über sich selbst machen sollten. Wann immer Sie sich bei negativen Gedanken über sich selbst ertappen sollten, drehen Sie diese so schnell wie möglich ins Positive um. Wann immer Sie sich wegen Ihres Gewichts, Ihrer Körpergröße oder mangelndem Erfolg in irgendeinem Bereich Ihres Lebens selbst kritisieren, machen Sie sich selbst schlecht. Sie müssen mit sich selbst zufrieden sein, um Ihren Seelenpartner anzuziehen.

Sie können auch Selbsthypnose einsetzen, um eine Botschaft ins Universum zu senden, die mitteilt, dass Sie für Ihren Seelenpartner bereit sind. Manche Menschen bekommen Bedenken, wenn das Wort ›Hypnose‹ fällt. Das ist nicht nötig. Selbsthypnose ähnelt einer Meditation, in der Sie körperlich entspannt, geistig jedoch die ganze Zeit über bei Bewusstsein sind.

Bei einer Meditation zerstreuen sich unsere Energien, doch bei der Hypnose konzentriert sich Ihr Geist auf alles, was Sie zu erreichen versuchen – in unserem Fall, einen Seelenpartner anzuziehen.

Die Hypnose ist höchst wohltuend. Jede einzelne Zelle Ihres Körpers entspannt sich. Das ist nicht unbedingt der Fall, wenn Sie sich abends zum Schlafen hinlegen. Ich bin mir sicher, dass Sie auch schon einmal am nächsten Morgen mit dem Gefühl aufgewacht sind, immer noch müde zu sein, obwohl Sie ganz normal lange geschlafen hatten.

Wählen Sie einen Zeitpunkt, an dem es am unwahrscheinlichsten ist, dass Sie gestört werden. Stecken Sie kurzzeitig das Telefon aus. Entspannen Sie sich bequem auf einem Liegestuhl oder Ähnlichem bzw. auf dem Boden. Legen Sie sich nur dann ins Bett, wenn Sie hinterher sofort einschlafen möchten, denn es kann leicht vorkommen, dass Sie während dieser Übung einschlafen. Dies macht nichts, wenn Sie das Skript auf eine Kassette aufgenommen haben, da Ihr Unterbewusstsein die Botschaft trotzdem aufnehmen wird. Haben Sie sich jedoch die Hauptpunkte gemerkt und sagen Sie sich diese im Geiste vor, so werden Sie nicht mitten im Prozess einschlafen wollen, da Ihnen dann der Großteil des Nutzens entgeht.

Sie werden entscheiden müssen, mit wessen Stimme das Skript aufgenommen werden soll. Vielleicht möchten Sie gern Ihre eigene Stimme benutzen, möglicherweise bitten Sie einen Freund, dass er es Ihnen aufnimmt. Ich nehme üblicherweise meine eigenen Skripte für mich persönlich auf, doch viele Menschen haben mir erzählt, dass sie lieber eine Kassette anhören, die von einem Vertreter des anderen Geschlechts bespielt wurde. Wenn Ihnen ein Freund die Aufnahme macht, so achten Sie darauf, dass Ihnen auch der Klang seiner Stimme sympathisch ist.

Eventuell wünschen Sie sich, dass im Hintergrund sanfte Musik im New Age-Stil spielt. Benutzen Sie diese, wenn es Ihnen hilft, sich zu entspannen. Benutzen Sie keine Musik, die Wassergeräusche enthält, da dies möglicherweise dazu führen kann, dass Sie während der Übung den Drang zur Toilette verspüren.

Während der Hypnose fällt Ihre Körpertemperatur um ca. 1°C. Sorgen Sie also dafür, dass es in dem Raum, in dem Sie sich befinden, warm genug ist. Vielleicht haben Sie auch das Bedürfnis, sich mit einer Decke zuzudecken, bevor Sie beginnen.

Skript zur Anziehung Ihres Seelenpartners

Nehmen Sie einen richtig tiefen Atemzug, schließen Sie beim Ausatmen die Augen und entspannen Sie all Ihre Muskeln. Nehmen Sie einen weiteren tiefen Atemzug, und entspannen Sie sich beim Ausatmen noch mehr. Nichts kann Sie belästigen oder stören, während Sie sich mit jedem Atemzug, den Sie nehmen, immer weiter entspannen. Jeder Atemzug, den Sie tun, versetzt Sie tiefer und tiefer in jenen angenehmen Zustand absoluter, völliger

Entspannung. Nehmen Sie nun einen weiteren tiefen Atemzug, und lassen Sie beim Ausatmen alle Zweifel, Ängste und Sorgen entschwinden, bis sie völlig aufgelöst sind. Sie brauchen sich von nichts stören oder belästigen zu lassen, während Sie sich langsam in einen Zustand völligen Friedens und völliger Ruhe begeben.

Es ist so leicht und angenehm, sich auf diese Weise zu entspannen und in jedem Bereich des Körpers diese angenehme Wärme und Entspannung zu spüren. Jeder Bereich Ihres Körpers wird so leicht und so, so entspannt.

Werden Sie sich der Muskeln in Ihren Zehen und Füßen bewusst und entspannen Sie diese einfach. Vielleicht verspüren Sie ein leichtes Kribbeln, während Sie loslassen. Mit jedem Atemzug, den Sie nehmen, entspannen Sie mehr und mehr. Ihre Zehen und Füße sind jetzt völlig, absolut entspannt.

Lassen Sie diese angenehme Entspannung nun durch Ihren Körper nach oben steigen. Spüren Sie, wie das Gefühl der Entspannung in Ihre Waden, in Ihre Knie und in Ihre Oberschenkel emporsteigt. Einfach so, so friedlich und soooo entspannend. Lassen Sie dieses Gefühl der Entspannung nun in Ihre Hüften aufsteigen und dann hinauf in Ihren Magen. Der untere Teil Ihres Körpers ist nun so entspannt, und es fühlt sich so an, als würden Ihre Beine gar nicht mehr reagieren, selbst wenn Sie es wollten.

Jeder Atemzug ist langsam, matt und träge, während Sie sich weiter entspannen. Das angenehme Gefühl der Entspannung steigt nun in Ihren Brustkorb hoch und noch weiter hinauf, ganz hoch, bis hinauf in Ihre Schultern. Dort, zwischen Ihren Schultern, ist alles verspannt, und es ist ein wunderbares Gefühl, wenn diese Verspannung durch dieses wunderbare Gefühl der Entspannung aufgelöst wird. Lassen Sie zu, dass das angenehme Gefühl der Entspannung beide Arme hinabläuft – bis in die Fingerspitzen hinein. Nun fühlen sich Ihre Arme und Beine völlig entspannt an. So friedlich und so, so entspannt. Es ist so angenehm, auf diese Weise zu entspannen, und jeder Nerv, jeder Muskel und jede Faser Ihres ganzen Wesens liebt dieses Gefühl der völligen, absoluten Entspannung.

Lassen Sie zu, dass die Entspannung sich in Ihren Hals hinauf bewegt. Spüren Sie, wie sich die Muskeln in Ihrem Gesicht entspannen. Lassen Sie zu, dass das angenehme Gefühl der Entspannung langsam nach oben steigt bis ganz hinauf in Ihren Kopf. Entspannen Sie die Muskeln Ihrer Kopfhaut. Entspannen Sie die feinen Muskeln um Ihre Augenpartie. Dies sind die feinsten Muskeln an Ihrem ganzen Körper. Es fühlt sich so gut an, diese völlig zu entspannen. Sie sind nun in totale, absolute, völlige Entspannung gehüllt. Sie haben das Gefühl, auf einer watteweichen Wolke zu ruhen, und nichts kann Sie stören oder belästigen. Spüren Sie die wundervolle Entspannung, die Ihren ganzen Körper umfängt.

Sie entspannen sich mit jedem Atemzug, den Sie nehmen, immer mehr, und es fühlt sich wunderbar an, so entspannt zu sein und sich von nichts ablenken oder belästigen zu lassen. Visualisieren Sie sich nun vor Ihrem geistigen Auge selbst. Scannen Sie Ihren Körper und prüfen Sie, ob irgendwelche Stellen nicht so entspannt sind, wie sie sein sollten. Sind Sie sich irgendeiner Anspannung bewusst, so konzentrieren Sie sich einfach darauf, und lassen Sie zu, dass das Gefühl der Entspannung die Spannungen und Verkrampfungen auflöst, bis Sie sich absolut und total entspannt fühlen.

Sie haben einen angenehmen, herrlichen Grad der Entspannung erreicht, der so wohltuend für Sie ist. Doch Sie können in dieses angenehme Gefühl der Entspannung noch tiefer eintauchen.

Stellen Sie sich vor Ihrem geistigen Auge ein Treppenhaus vor. Aber kein gewöhnliches Treppenhaus. Es ist das schönste Treppenhaus, das Sie jemals gesehen haben, und Ihre Füße sinken tief in den weichen, dichten Teppich ein, während Sie am oberen Ende stehen und auf die schöne Szenerie zu Ihren Füßen blicken.

Es ist kein hohes Treppenhaus – nur zehn Stufen. Zehn Stufen, die in Ihre Geheimkammer hinunterführen. Dies ist ein schöner Raum, der mit den herrlichsten Gegenständen ausgestattet ist, die Sie jemals in Ihrem Leben gesehen haben. Es gibt Couchs und Sessel, Sofas und Tische sowie Topfpflanzen. An den Wänden

Franziska Krattinger

Die 7 universellen Gesetze

Spielregeln für ein Leben in Vielfalt

152 Seiten, broschiert
€ (D) 6,95
ISBN 978-3-89845-266-3

Das Leben folgt universellen Gesetzen. Wer diese begreift, kann sich alle Lebensformen, Situationen und Realitäten erklären. Dieses Handbuch vermittelt durch praktische Übungen und gelebte Beispiele aus dem Alltag die entscheidenden Spielregeln für ein Leben in Fülle!

Es zeigt, wie man seine Kraft am besten einsetzt, um seine Ziele stets zu erreichen.

Die beschriebenen Gesetze gelten für alle – und wer sie beherrscht, ist somit Herr über seine Realität.

www.silberschnur.de · E-Mail: bestellung@silberschnur.de ||||||||| SILBERSCHNUR |||||||||||||||||||||

Verlag

»Die Silberschnur« GmbH

Postfach 41

D-56590 Horhausen

Franziska Krattinger

Die 7 universellen Gesetze

Spielregeln für ein Leben in Vielfalt

152 Seiten, broschiert
€ (D) 6,95
ISBN 978-3-89845-266-3

Das Leben folgt universellen Gesetzen. Wer diese begreift, kann sich alle Lebensformen, Situationen und Realitäten erklären. Dieses Handbuch vermittelt durch praktische Übungen und gelebte Beispiele aus dem Alltag die entscheidenden Spielregeln für ein Leben in Fülle!

Es zeigt, wie man seine Kraft am besten einsetzt, um seine Ziele stets zu erreichen.

Die beschriebenen Gesetze gelten für alle – und wer sie beherrscht, ist somit Herr über seine Realität.

www.silberschnur.de · E-Mail: bestellung@silberschnur.de ||||||||| SILBERSCHNUR |||||||||||||||||||||

Verlag

»Die Silberschnur« GmbH

Postfach 41

D-56590 Horhausen

Ja, ich möchte gerne weitere Informationen erhalten.

Bitte senden Sie mir Informationen

○ per E-Mail *oder* ○ per Post

○ zum Verlagsprogramm

○ zu den Novitäten

○ zu Seminaren

Ihr Interesse wird belohnt!

Unter allen Einsendern verlosen wir
monatlich 10 Exemplare
unseres Buchtipps des Monats.

Einsendeschluss ist jeweils der 15. des
laufenden Monats. Die Gewinner
werden schriftlich benachrichtigt,
der Rechtsweg ist ausgeschlossen.

Name, Vorname

Telefon   E-Mail

Straße, Hausnummer

Land, PLZ, Ort   Unterschrift

Ich erkläre mich einverstanden, dass der Verlag »Die Silberschnur« und Kooperationspartner meine Daten zu Direktmarketingzwecken verwenden dürfen.

Ja, ich möchte gerne weitere Informationen erhalten.

Bitte senden Sie mir Informationen

○ per E-Mail *oder* ○ per Post

○ zum Verlagsprogramm

○ zu den Novitäten

○ zu Seminaren

Ihr Interesse wird belohnt!

Unter allen Einsendern verlosen wir
monatlich 10 Exemplare
unseres Buchtipps des Monats.

Einsendeschluss ist jeweils der 15. des
laufenden Monats. Die Gewinner
werden schriftlich benachrichtigt,
der Rechtsweg ist ausgeschlossen.

Name, Vorname

Telefon   E-Mail

Straße, Hausnummer

Land, PLZ, Ort   Unterschrift

Ich erkläre mich einverstanden, dass der Verlag »Die Silberschnur« und Kooperationspartner meine Daten zu Direktmarketingzwecken verwenden dürfen.

hängen großartige Porträts von Menschen, die Ihnen irgendwie vertraut vorkommen. Es gibt auch Landschaften und andere Gemälde. Sie können es gar nicht erwarten, dieses herrliche Treppenhaus hinunterzusteigen, um alles eingehender in Augenschein nehmen zu können.

Doch dies ist ein verzaubertes, ganz besonderes Treppenhaus. Jedes Mal, wenn Sie eine Stufe nach unten nehmen, verdoppelt sich Ihre Entspannung, so dass Sie in dem Augenblick, wo Sie Ihre Geheimkammer erreichen, so, so total, völlig entspannt, locker, leicht und in jeder Faser Ihres Seins entspannt sind.

Legen Sie nun Ihre Hand auf den Handlauf, und nehmen Sie die erste Stufe. Während Sie dies tun, verdoppelt sich Ihre Entspannung. Spüren Sie die wundervolle, weiche, dicke Teppichschicht unter Ihren Füßen.

Neun – Eine weitere Stufe, wieder verdoppeln Sie Ihre Entspannung.

Acht – Entspannen Sie sich immer weiter.

Sieben – Sie schweben mit jeder Stufe weiter hinab.

Sechs – Sie sind nun so entspannt, während Sie tiefer und tiefer in einen Zustand totaler Entspannung versinken.

Fünf – Halten Sie an der Mitte Ihres Weges für einen kurzen Moment inne. Spüren Sie den totalen Frieden und die völlige Stille in jeder Zelle Ihres Körpers. Nichts kann dieses wundervolle Gefühl absoluter, völliger Entspannung stören.

Vier – Sie sinken tiefer und tiefer hinab in einen Zustand völligen Friedens und völliger Entspannung.

Drei – entspannen.

Zwei – entspannen, und eins.

Hüpfen Sie hinab in jenen wundervollen Raum. Laufen Sie herum, und betrachten Sie einige der schönen Gegenstände in Ihrer besonderen Geheimkammer. Geradezu alles an schönen Dingen, die Sie in der Vergangenheit bewundert haben, scheint gesammelt hier in diesem wundervoll entspannenden, besonderen Raum ausgestellt zu sein.

Werfen Sie nun einen Blick auf die Gemälde an den Wänden. Da sind herrliche Porträts und wundervolle Landschaften. Halten Sie vor einer der Szenen inne, die Ihnen besonders gefällt.

Während Sie das schöne Gemälde betrachten, scheint es, als würde es sich ausdehnen, um Sie mit einzuschließen. Nun befinden Sie sich mitten in der schönen Landschaft und spazieren darin herum, als sei dies das Natürlichste auf der Welt.

Indem Sie das Gefühl genießen, das in Ihnen aufsteigt, während Sie diese schöne Szenerie eingehend betrachten, werden Sie sich bewusst, dass jemand Ihre Hand hält. Sie erkennen sofort, dass dies Ihr Seelenpartner ist. Während Sie sich umdrehen und ihm bzw. ihr zulächeln, merken Sie, dass Sie in das Gesicht eines Menschen schauen, den Sie schon immer kennen. Sie beide sind bereits in unzähligen früheren Leben zusammen gewesen, und Sie erkennen sich auf den ersten Blick mit ganzer Kraft wieder. Sie ziehen sich beide wie elektrisiert an. Sie beide haben auf diesen Augenblick schon so lange gewartet.

Sie fallen sich in die Arme und legen sich zusammen in das weiche Gras. Es ist ein magischer Augenblick, einer, den Sie niemals mehr vergessen werden. Sie kosten die süßen Lippen Ihres Seelenpartners, Sie riechen den Duft des Grases. Sie hören die Vögel glücklich über Ihren Köpfen singen. In der Ferne gratuliert Ihnen muhend eine Kuh. Jede Zelle Ihres Körpers scheint so lebendig wie niemals zuvor, und Sie saugen mit allen Sinnen jede wertvolle Sekunde in sich auf.

Es kommt Ihnen so vor, als hätten Sie Ihr ganzes Leben lang auf diesen Augenblick gewartet, und Sie wünschen sich, dass er nie, niemals vergehen möge ...

Während Sie Ihrem Seelenpartner tief in die Augen schauen, wissen Sie, dass dies der Geburtstag einer bestimmten Sache ist, die bis zum Ende Ihres Lebens knospen, blühen, wachsen und sich entwickeln wird.

Und nun trennen Sie und Ihr Seelenpartner sich langsam und erheben sich wieder. Sie spüren, wie er bzw. sie Ihre Hand nimmt und spüren eine Woge der Erregung durch Ihren Körper laufen. Sie sind höchst begeistert darüber, dass Sie Ihren Seelenpartner wiedergefunden haben und wissen, dass Sie wieder für immer zusammen sein werden.

Sie spazieren mit Ihrem Seelenpartner Hand in Hand über das Feld. Nun sind Sie außerhalb des Bilderrahmens angekommen

und wieder zurück in Ihrer besonderen Geheimkammer. Sie blicken sehnsuchtsvoll auf das Gemälde, doch Sie sind glücklich,
weil Sie wissen, dass Sie dieses Bild jederzeit wieder betreten
können, sooft Sie es möchten. Sie wissen auch, dass Ihr Seelenpartner Ihnen jedes Mal, wenn Sie dies tun, näher und näher
kommt.

Genießen Sie für eine Weile das besondere Gefühl, in Ihrer
persönlichen Geheimkammer zu sein. Kosten Sie die Tatsache
aus, dass Sie hierher jederzeit zurückkehren können, sobald Sie
dies möchten. Vielleicht möchten Sie sich in einen der bequemen
Sessel setzen, vielleicht möchten Sie auch die schönen Gegenstände um sich herum näher betrachten. Das ist Ihr Raum, und
Sie können hier tun und lassen, was Sie möchten. Sie sind in Ihrem persönlichen, besonderen Raum geschützt und sicher, und
Sie sind willkommen, jederzeit hierher zurückzukehren, sooft Sie
dies wünschen.

Nun ist es an der Zeit, all dies loszulassen und in die Gegenwart zurückzukehren. Bei der Zahl Fünf finden Sie sich dort wieder, wo Sie aufgebrochen sind: in einem ruhigen, entspannten,
friedlichen Zustand, und Sie erinnern sich an alles, was geschehen
ist, während Sie sich in diesem angenehmen Zustand der Selbsthypnose befanden.

Eins – Nehmen Sie einen tiefen Atemzug und lassen Sie die
sprühende Lebensenergie durch Ihren ganzen Körper strömen.

Zwei – Sie kommen nun wieder ein wenig aus der Trance zurück. Sie fühlen sich gestärkt, erfrischt und bereit, wieder in Ihr
Alltagsleben zurückzukehren.

Drei – Sie sind wieder ganz energiegeladen.

Vier – absolut voller Energie, und ...

Fünf – Sie öffnen die Augen und sind hellwach.

Wiederholen Sie diese Übung zur Selbsthypnose regelmäßig. Sie
werden spüren, dass dies eine entspannende und angenehme Erfahrung ist, doch wichtiger ist noch, dass Sie damit die Botschaft unter-
streichen, dass Sie für die Ankunft Ihres Seelenpartners bereit sind.

Möglicherweise müssen Sie Geduld mitbringen. Seelenpartner begegnen sich nämlich zu dem Zeitpunkt, der für beide Partner als richtig erachtet wird. Sie mögen das Gefühl haben, bereit zu sein, doch unter Umständen hat Ihr Seelenpartner dieses Stadium noch nicht erreicht. Bleiben Sie ruhig, und vertrauen Sie darauf, dass er bzw. sie zu Ihnen kommen wird, wenn die Zeit reif ist. Leben Sie Ihr Leben weiter wie gewohnt. Bleiben Sie offen für die Möglichkeit, dass Ihr Seelenpartner jederzeit eintreffen könnte. Seien Sie sich aber auch bewusst, dass dies möglicherweise, im größeren Gesamtrahmen betrachtet, für Sie noch nicht sein soll.

Selbst wenn Sie sich begegnen, kann es sein, dass Sie einige Zeit brauchen, bis Sie Ihren Seelenpartner erkennen. Wie Sie wissen, vergisst man normalerweise die Erinnerungen an frühere Leben. Ganz gleich, wie wundervoll und leidenschaftlich Ihre früheren Leben mit Ihrem Seelenpartner gewesen sein mögen – üblicherweise sind diese für Ihr bewusstes Erinnerungsvermögen gesperrt. Folglich denkt man oft fälschlicherweise, dass man sich sofort gegenseitig erkennt. Das kommt natürlich auch vor. Wenn dies der Fall ist, spürt man dies normalerweise auf der Herzensebene. Man hat das plötzliche Gefühl, die andere Person bis ins Innerste zu kennen, als ob man absolut alles wüsste, was man über seinen neu gefundenen Seelenpartner wissen sollte. Öfter kommt es jedoch vor, dass die Erkenntnis langsam ins Bewusstsein rückt, dass man seinen Seelenpartner gefunden hat. Während Sie sich näher kennen lernen, werden Sie plötzlich merken, dass die Berührung durch die Hand, der Ausdruck der Liebe und Zärtlichkeit im Gesicht Ihres Partners oder die Freude an einem Kuss lange vergessene Erinnerungen weckt. Manchmal kommt es vor, dass beide im gleichen Augenblick erkennen, dass Sie tatsächlich Seelenpartner sind. Bisweilen entdeckt auch ein Partner diese Tatsache, und allmählich kommt der andere Partner ebenfalls zu der gleichen Schlussfolgerung.

Die Erkenntnis, dass Sie Ihren Seelenpartner gefunden haben, ist unbeschreiblich. Die Intensität der Liebe und anderer Gefühle, die aufkommen, sowie die unglaubliche Sicherheit, dass Sie auf ewig beisammen bleiben werden, wird bei Ihnen mehr Glück erzeugen, als Sie bisher je gekannt haben. Diese Erkenntnis wird Ihnen einen Sinn im Leben geben und das Wissen verleihen, dass Sie immer füreinander da sein werden, ganz gleich, wie schwierig die Dinge manchmal sein mögen.

6

Warum ist die Sache nicht perfekt?

Doch Lieb' ist blind, Verliebte sehen nicht
die artgen Kindereien, die sie begehen.

William Shakespeare, Der Kaufmann von Venedig, 2. Aufzug, 6. Szene

Es herrscht gemeinhin die irrige Meinung, dass Seelenpartnerschaften in jeglicher Hinsicht perfekt sein müssen. Wäre dies der Fall, müsste auch jede Seelenpartnerschaft für immer bestehen bleiben.

Seelenpartner begegnen sich, um es beiden Partnern zu ermöglichen, in verschiedener Hinsicht zu wachsen und sich weiterzuentwickeln. Es kann sein, dass sich zwei Seelenpartner in diesem Leben begegnen, um Lektionen weiterzulernen, die sie das letzte Mal nicht richtig gelernt hatten. Beispielsweise kann es sein, dass ein Partner das Bedürfnis hat, den anderen zu kontrollieren. Es ist wahrscheinlich, dass diese Person in einem früheren Leben kontrolliert worden ist und nun die Lektion von der anderen Warte aus lernen muss.

Wir bringen in unsere Beziehungen all unsere Hoffnungen, Ängste, Träume, Sehnsüchte und Erwartungen ein. Wir bringen auch eine Vielfalt an Schwierigkeiten, an ungelösten Problemen und einen gewaltigen Berg anderer Lasten mit uns mit. Wenn Sie die Perfektion erwarten, werden Sie zwangsläufig enttäuscht werden. Ihr Partner kann unter Umständen ganz andere Erwartungen haben. Er oder sie möchte möglicherweise sein Leben dem Zufall überlassen, nicht planen, ganz im Augenblick leben. Sie möchten umgekehrt vielleicht alles zum x-ten Mal organisiert und geplant haben. In einer Beziehung dieser Art wird es ganz klar Probleme geben, die man nur mit Liebe und gutem Willen von beiden Seiten lösen kann.

Freunde von mir betrieben gemeinsam ein Ingenieurbüro. Sie sind seit 24 Jahren verheiratet und haben zwei erwachsene Kinder. Sie haben in jedem Bereich ihres Lebens eine gute Beziehung, außer wenn es darum geht, das Unternehmen zu führen. In der Regel kommt er mit einer neuen Idee daher und möchte diese dann auf der Stelle umsetzen, ganz gleich, welchen Bruch dies für den reibungslosen Ablauf des Unternehmens auch bedeuten mag. Selten kommt es vor, dass er seine neuesten Ideen mit seiner Ehefrau und gleichberechtigten Geschäftspartnerin durchdiskutiert. Sie hingegen denkt ihre Ideen gern erst einmal durch, bevor sie handelt. Sie arbeitet immer einen Aktionsplan aus und befragt dann die Mitglieder des Personalstabs, die aller Voraussicht nach davon betroffen sein werden. Sie denkt immer über die Auswirkungen nach, die sich ergeben könnten, wenn diese Idee nicht wie geplant funktioniert, und sorgt dafür, dass die Maßnahme Schritt für Schritt umgesetzt wird. Leider diskutiert sie ihre Pläne nicht mit ihrem Ehemann, da sie aus langer Erfahrung weiß, dass er höchstwahrscheinlich jede Geschäftsidee, die von ihrer Seite kommt, ins Lächerliche ziehen wird. Folglich kommt es den Angestellten dieses Unternehmens so vor, als würden die beiden Besitzer oft in entgegengesetzte Richtungen arbeiten und das Unternehmen eher ruinieren als voranbringen. So hat dieses Pärchen, obgleich es glücklich verheiratet ist, Kommunikationsschwierigkeiten, wenn es um seinen Betrieb geht. Beide behaupten, hart an ihrem Unternehmen zu arbeiten, um es ihren Kindern als Vermächtnis zu hinterlassen. Ihr Sohn arbeitete zwei Jahre lang im Geschäft mit, ging dann aber weg, da er es viel zu stressig fand. Er stand ständig unter dem Druck, sich entweder auf die Seite seiner Mutter oder seines Vaters zu schlagen, und die Situation wurde allmählich unmöglich. Offensichtlich bestehen hier größere Probleme, die durch die unterschiedlichen Methoden ausgelöst werden, die beide Partner zur Problemlösung einsetzen, und ich hoffe, sie werden sie in Zukunft lösen.

Manchmal ist es schwer zu sagen, ob die Probleme, die ein Paar hat, karmischer Natur sind. Ist eine Person ordentlich, lebt sie jedoch mit jemandem zusammen, der genau gegenteilig veranlagt ist, so sind die Probleme, die sie miteinander haben, wahrscheinlich nicht karmischer Natur. Missbraucht hingegen ein Partner den anderen, besteht eine gegenseitige Abhängigkeit oder denkt einer von beiden unbewusst, dass er diese Liebe nicht verdient hat, so können Sie garantiert davon ausgehen, dass karmische Faktoren vorliegen.

Ein weiteres Problem besteht darin, dass wir glauben, unseren Seelenpartner gefunden zu haben, wenn dem in Wirklichkeit nicht so ist. Unter Umständen begegnen wir jemandem, verlieben uns und glauben, unseren Seelenpartner gefunden zu haben. Vielleicht haben wir viele Gemeinsamkeiten, verfolgen ähnliche Ziele und haben ähnliche Wünsche. Zu Beginn erscheint alles perfekt. Doch nach geraumer Zeit zerbricht alles, und wir erkennen, dass die andere Person doch nicht unser Seelenpartner war.

Natürlich ist das Leben nicht unbedingt leicht, auch wenn wir mit unserem Seelenpartner zusammen sind. Seelenpartnerschaften nehmen viele Formen an, und es gibt eine unbegrenzte Anzahl an Lektionen, die wir eventuell lernen müssen. Seelenpartnerschaften dauern so lange, bis die betreffende Lektion gelernt ist. Ein Mann, mit dem ich sprach, konnte nicht glauben, dass ihn seine Seelenpartnerin einfach ohne Vorwarnung verlassen hatte.

»Wir waren sieben Jahre lang zusammen«, erzählte er mir. »Ich glaubte, wir seien perfekt füreinander. Ich war glücklich, doch offensichtlich war sie es nicht. Warum hat sie mir das nie gesagt? Ich bin mir sicher, wir hätten uns da irgendetwas einfallen lassen können.«

Höchstwahrscheinlich hätten sie das. Aber in diesem Augenblick hatte seine Partnerin gelernt, was sie lernen sollte, und hätte nur

Zeit verloren, wenn sie in der Beziehung länger geblieben wäre, als unbedingt erforderlich. Sogar die Art und Weise, in der sie die Beziehung beendet hat, indem sie plötzlich gegangen ist, ohne ein Wort zu sagen, könnte gut eine karmische Lektion für ihren Partner gewesen sein.

Hoffentlich wird er aus der Erfahrung lernen und schließlich eine neue Partnerin finden. Leider werden manche Menschen durch eine derartige Erfahrung so verbittert, dass sie künftige Beziehungen meiden und am Ende einsam und voller Schmerz zurückbleiben. Das ist keine Lösung, da jede karmische Lektion verweigert wird. Natürlich kann man sich ihrer nicht auf ewig entziehen, und man wird sie eben zu einem späteren Zeitpunkt lernen müssen.

Viele Seelenpartnerschaften sind nur von kurzer Dauer, denn die Wege der beiden Partner kreuzen sich nur, um es ihnen zu ermöglichen, eine bestimmte Lektion zu lernen. Normalerweise handelt es sich dabei nicht um romantische Beziehungen. Gute Beispiele hierfür sind Lehrer-Schüler- oder Arbeitgeber-Arbeitnehmer-Beziehungen. Zieht der Schüler oder der Angestellte weiter, so endet die Beziehung normalerweise. Solange sie anhält, können die beiden Partner jedoch wertvolle Lektionen lernen.

Einmal war ich völlig besessen von dem Gedanken, Forellen zu angeln. In einer Fischerhütte, in der ich wohnte, traf ich einen älteren Mann aus Südafrika, der 50 Jahre zuvor in diese Sportart eingeführt worden war. Ein Mann, den er zufällig an der Bar getroffen hatte, hatte ihm von den Anglerfreuden erzählt und ihn eingeladen, ihn das Wochenende über zu begleiten. Während jener zwei Tage hatte er meinem Freund die Grundlagen dieser Sportart beigebracht und in der Tat dessen Leben verändert. Nach diesem Wochenende hat er den Mann niemals wiedergesehen, doch er war überzeugt davon, dass es eine Begegnung mit einem Seelenpartner gewesen war.

Seelenpartnerschaften zwischen Familienmitgliedern sind normalerweise lange anhaltende Beziehungen. Doch auch dies muss nicht unbedingt der Fall sein. Eine Frau, die einen meiner Workshops besuchte, erzählte uns, dass sie eine unglaublich enge Verbindung zu ihrem Vater hatte. Leider kam er bei einem Autounfall ums Leben, als sie nur sieben Jahre alt war. Doch er war ihr kurze Zeit später im Traum erschienen und hatte ihr erklärt, dass er immer bei ihr sein würde. Dies hatte ihren Kummer gelindert, und sie spürte ihn immer um sich, wenn sie ihn brauchte, auch 30 Jahre später noch.

Ein erfolgreicher Autor, den ich kenne, verließ mit 15 Jahren das Haus und kehrte nie mehr zurück. Sein Vater hatte ihn die gesamte Kindheit über verbal und körperlich missbraucht, und seine Mutter, die er vergötterte, war unfähig, es zu unterbinden. Er brauchte viele Jahre, um mit dem zurechtzukommen, was geschehen war. Heute erkennt er, dass sie beide, er und sein Vater, etwas fortgesetzt hatten, das viele Leben zuvor seinen Anfang genommen hatte. In diesem Leben wurde er gezwungen, unabhängig zu werden und auf eigenen Beinen zu stehen.

Wir kommen in dieses Leben, um bestimmte Dinge zu tun und bestimmte Lektionen zu erlernen. In der Tat stimmen wir dem zu, was wir zu tun haben, bevor wir inkarnieren. Doch nicht jeder ist mit den Entscheidungen glücklich, die er getroffen hat, wenn er erst einmal auf dieser irdischen Ebene angekommen ist.

Eine Zeit lang lebte ich vom Handlesen und der Numerologieberatung. Einer meiner Klienten war ein wohlhabender Besitzer einer Bauträgerfirma, der innerhalb weniger Jahre Millionen von Dollar gemacht hatte. Ich wunderte mich, dass seine Lebenswegzahl die Sieben war. Das bedeutet, dass sein Ziel in diesem Leben lautet, an Weisheit und Wissen zu wachsen und ein tiefes Vertrauen bzw. eine tiefe Lebensphilosophie zu entwickeln. Ich hatte bei ihm als Lebenswegzahl die Acht erwartet, da dies die Zahl der materiellen Freiheit ist.

Als 1987 der Börsencrash eintrat, verlor mein Klient förmlich alles und ringt seitdem im Leben darum, seinen verlorenen Reichtum zurückzuerlangen. Er ist sich dessen bewusst, dass dies nicht das Ziel seines Lebens ist, doch da er vorher bereits das Geld besessen hatte, möchte er es um alles in der Welt wieder zurück. Gelingt ihm dies, wird ihm dies wenig Freude oder Befriedigung einbringen, denn das ist nicht das, wozu er hier ist. Er ist ein interessantes Beispiel, da ihm das Universum sein Geld genommen hat, um ihn leichter in die richtige Richtung zu lenken. Bisher hat er den Wink mit dem Zaunpfahl allerdings ignoriert. Eines Tages, hoffentlich noch in diesem Leben, wird er erkennen, dass Geld nicht das ist, was er hier erstreben soll. Es ist schon interessant, dass ihm sehr wohl bewusst ist, was er tun sollte, er aber beständig dagegen ankämpft.

Die Lektionen meiner Klienten beziehen sich nicht auf Seelenpartner, doch ich habe eine ganze Reihe von Seelenpartnern erlebt, die einer Sache zugestimmt hatten, bevor sie geboren wurden und dann, als sie erst einmal physische Gestalt angenommen hatten, beschlossen haben, dies doch nicht zu tun.

Ein Beispiel betraf eine kleine Gruppe von drei Personen: Tanja, Susan und Aaron. Sie waren alle gleich alt und kannten sich schon von Kindheit an. Aaron heiratete Tanja, hatte wenige Jahre später jedoch eine Affäre mit Susan. Susan erwartete von Aaron, dass er seine Frau verlassen solle, da sie, bevor sie geboren wurden, vereinbart hatten, dass sie zusammen sein würden. Doch als es zum Moment der Trennung kam, merkte Aaron, dass er es nicht konnte. Folglich werden Aaron und Susan in dieser Inkarnation nicht zusammen sein, und die Lektion, zu der alle diese drei Teilnehmer sich hier getroffen hatten, wird bis zum nächsten Leben warten müssen.

Alles geschieht zu einem bestimmten Zweck, auch wenn wir vielleicht nicht erkennen, zu welchem. Wenn Ihre perfekte Beziehung aus irgendeinem Grund endet, seien Sie sich bewusst, dass dies aus irgendeinem bestimmten Grund so gelaufen ist. Vor einigen Jahren traf ich eine Frau, die seit mehreren Jahren glücklich verheiratet war. Eines Tages kam die Polizei und verhaftete ihren Mann wegen mehrerer Vergewaltigungen, die in dieser Gegend verübt worden waren. Diese Frau konnte es anfangs gar nicht glauben und musste sich die ganze Verhandlung anhören, um die schrecklichen Dinge, die ihr Mann getan hatte, voll und ganz zu verstehen. Selbst mit diesem Wissen fiel es ihr schwer, sich von ihm scheiden zu lassen, da sie ihn immer noch zutiefst liebte. Sie brauchte jahrelange Therapien und Beratungen, bis sie wieder imstande war, richtig zu leben. Sie hat keine Ahnung, was ihren Mann dazu getrieben hatte, jene schrecklichen Verbrechen zu begehen, erkennt jedoch heute, dass es alles Teil eines Planes ist, den sie wahrscheinlich in diesem Leben nicht verstehen wird.

Warum ist die Liebe so mysteriös, so mächtig und so überwältigend? Warum enden Beziehungen, die mit unglaublicher Glückseligkeit begannen, oft in schmerzhaften, bitteren Scheidungen?

Warum erkennen wir manchmal, dass der Mensch, den wir zu kennen glaubten, praktisch ein Fremder für uns ist, den wir überhaupt nicht kennen? Diese Fragen lassen sich unmöglich beantworten, doch sie erklären in gewisser Weise, warum manche Menschen den Gedanken völlig aufgegeben haben, dass sie jemals eine gute Beziehung haben werden, weil sie das Gefühl haben, es ist den Schmerz, den Kampf und die Mühen nicht wert.

Und doch brauchen wir alle Liebe. Vor wenigen Jahren beriet ich einen Konzertviolinisten. Er hatte eine Frau und zwei Kinder, sah diese aber selten über einen längeren Zeitraum, da er mit seinen Auftritten um die Welt reiste. Jeden Tag rief er zu Hause an – egal, wo er sich gerade aufhielt – um seiner Frau zu sagen, dass er sie liebte. Eines Tages, als er sich mehrere Tausend Kilometer von zu Hause entfernt befand, erklärte sie ihm, dass es ihr reiche. Sie war im Begriff, ihn zu verlassen, und hoffte, einen Partner zu finden, der seine Zeit mit ihr und den Kindern verbringen würde.

Der Geiger war am Boden zerstört. Er stand kurz vor dem Ende einer Tournee und konnte nicht nach Hause kommen. Als er schließlich zurückkehrte, war es genau so, wie seine Frau es ihm gesagt hatte. Sie war mit den Kindern ausgezogen, und von seinem Zuhause war einfach nur noch ein leeres Haus zurückgeblieben.

Glücklicherweise hatte dieser Mann seine Musik und versuchte, seinen Schmerz mit einem erbarmungslosen Tourneeplan zu ersticken. Zwölf Monate lang trat er so oft auf, wie nur möglich. Es funktionierte nicht. Als er zu mir kam, fühlte er sich erbärmlich und unglaublich einsam.

»Die Frauen werfen sich mir nur so an den Hals, wenn ich irgendwo auftauche«, erklärte er mir. »Doch ich will keine von ihnen. Ich war immer einsam, wenn ich unterwegs war. Deshalb war es so wundervoll, einen besonderen Menschen zu haben, den ich jeden Tag anrufen konnte, eine Frau, die ich liebte und die mich liebte. Ich fühle mich leer, und der Schmerz wird jeden Tag größer. Ich kann ohne Liebe nicht leben.«

»Wie geht es Ihrer Frau mit der Situation?«, fragte ich.

»Keine Ahnung«, antwortete er. »Wir kommunizieren über unsere Anwälte.«

Ich versetzte ihn in ein Leben vor 100 Jahren zurück. Er war Leiter eines Varieté-Orchesters. Er hasste seine Arbeit, da sein Traum darin bestand, ein Symphonieorchester zu leiten. Er war mit der gleichen Frau verheiratet, und sie hatten mehrere kleine Kinder. Sie reisten beständig von einer Kleinstadt zur nächsten, um ihren Lebensunterhalt zu sichern. Er träumte immer von dem großen Durchbruch, den er verdient zu haben glaubte, und seine Frau jammerte dauernd über ihr gemeinsames Straßenleben. Zwei der Kinder starben. Wenige Monate später erkrankte seine Frau plötzlich an Lungenentzündung und starb ebenfalls. Wenig später erhielt er die Gelegenheit, Leiter eines großen Orchesters zu werden, konnte diese aber nicht ergreifen, da dies bedeutet hätte, seine Kinder der Obhut fremder Menschen zu überlassen. Er haderte immer mehr mit seinem Schicksal, begann, stark zu trinken und starb bei einer Schlägerei in einer Bar. Er befand sich in einem Schockzustand, als er aus der Hypnose erwachte.

»Und ich war der Meinung, ich hätte in diesem Leben Probleme!«, rief er aus. »Ich hatte die gleiche Ehefrau«, fuhr er fort. »Warum hat sie mich denn wieder geheiratet, nach all dem, was ich ihr das letzte Mal angetan hatte?«

»Weil sie Sie liebt«, sagte ich.

Er starrte mich 30 Sekunden lang an und brach dann in Tränen aus. Das war das Beste, was er hatte tun können. Er hatte versucht, all seinen Schmerz und seine Verletztheit zu unterdrücken. Die Rückführung ermöglichte es ihm, einiges davon loszulassen. Am Ende der Sitzung hatte er beschlossen, nach Hause zu gehen und ein tiefes Gespräch auf Herzensebene mit seiner Frau zu führen. Er würde ihr erzählen, wie sehr er sie liebte, und zusehen, welche Kompromisse möglich seien, um die Beziehung zu retten. Vielleicht könnte er bei seinem Tourneeplan Abstriche machen und mehr Möglichkeiten für Musikaufnahmen finden.

»Warum brauchte ich so viele Leben, um das zu erkennen?«, fragte er mich immer wieder.

Glücklicherweise gab es ein Happy End. Seine Frau liebte ihn immer noch. Sie hielt die Trennung jedoch für die einzige Möglichkeit, um ihn zur Besinnung zu bringen. Sie war ebenso glücklich wie er, die Beziehung fortzusetzen, und es ist heute besser denn je zuvor. Er ist immer noch auf Reisen, legt viele davon jedoch auf die Schulferien, so dass die ganze Familie mitkommen kann. Er verbringt nun viel Zeit im Jahr damit, begabten Schülern Meisterstunden zu geben, und hat einen lukrativen Vertrag für Studioaufnahmen.

Diese beiden Seelenpartner sind heute wieder glücklich, weil sie einander lieben und bereit sind, zum Wohle ihrer Beziehung an ihren Leben etwas zu verändern. Sie erwarten nicht mehr, dass alles perfekt ist. Während der Zeit ihrer Trennung hatte er den Wunsch zu sterben, da er sich unfähig fühlte, ohne Liebe zu leben.

Keine Beziehung ist perfekt. Ich glaube jedoch, dass die meisten Beziehungen funktionieren können, wenn beide Partner es wirklich möchten und das Paar sich gegenseitig liebt und respektiert. Möglicherweise möchten Sie, dass die Beziehung anhält, und sind bereit, die notwendige Arbeit zu leisten. Doch Ihr Partner möchte vielleicht aus verschiedenen Gründen gehen. Ist er bzw. sie entschlossen zu gehen, und Sie können nichts daran ändern, so ist es besser zuzulassen, dass die Beziehung beendet wird.

Sie haben eine tiefe, liebevolle, erfüllende und fürsorgliche Beziehung verdient. Das hat jeder. Doch es ist unrealistisch, Perfektion zu erwarten. Wir alle machen Fehler und tun Dinge, die wir später bereuen. Dies ist alles Teil unseres Wachstums und unserer Entwicklung, und hoffentlich lernen wir auch aus unseren Fehlern. Sie und Ihr Seelenpartner haben über viele Leben hinweg bereits viel voneinander gelernt, doch es gibt immer noch viel zu lernen.

So erinnern Sie sich an vergangene Leben

Die beste Möglichkeit vorauszusehen, was kommen mag,
besteht darin, sich daran zu erinnern, was war.

George Savile, Marquis von Halifax (1633-1695)

*M*ein Interesse am Thema Seelenpartner stieg sprunghaft an, als ich entdeckte, dass viele derjenigen Menschen, die mein Hypnotherapiezentrum für Rückführungen besuchten, hauptsächlich kamen, um zu überprüfen, ob ihre gegenwärtigen Beziehungen bereits in früheren Inkarnationen bestanden hatten. Viele Menschen waren einfach nur neugierig. Für andere wiederum war es jedoch eine Möglichkeit, um zu bestätigen, dass sie in der Tat ihren Seelenpartner gefunden hatten.

Das machte mich natürlich auch neugierig. Ich war davon ausgegangen, dass ein Mensch es instinktiv merken würde, wenn er seinen Seelenpartner trifft. Doch nicht alle Seelenpartnerschaften beginnen damit, dass sich die Partner sofort wiedererkennen. Sie beginnen häufig mit einer gesunden Lust auf beiden Seiten, doch das ist ein Merkmal vieler Beziehungen, sogar von ›One-Night-Stands‹. Viele Seelenpartnerschaften beginnen still und sanft, und allmählich verlieben sich die beiden ineinander. Diese Menschen zweifeln manchmal daran, dass es sich bei ihrer Beziehung um eine Seelenpartnerschaft handelt, und lassen daher eine Rückführung machen, um zu schauen, ob sie es herausfinden können.

Ich muss diesen Menschen erklären, dass, selbst wenn ihr Partner in der Rückführung nicht auftaucht, dies kein Beweis dafür ist, dass der bzw. die Betreffende nicht ihr Seelenpartner ist. Seelenpartner begegnen sich nicht zwangsläufig in jeder Inkarnation. Dies kann Zufall oder Absicht sein. Natürlich wird jemand, der in ein enthaltsames Leben zurückversetzt wird, etwa als Nonne oder als Mönch, in eben jener Inkarnation mit ziemlicher Wahrscheinlichkeit keine romantische Seelenpartnerschaft finden. Dies alles ist Teil des Entwicklungsprozesses der Seele.

Manchmal finden Menschen ihren Seelenpartner, doch aufgrund der Umstände kann sich die Beziehung nicht entwickeln. Dies könnte aufgrund der Ablehnung des Partners durch die Eltern so sein, oder einer von beiden ist bereits mit einem anderen Partner verheiratet und möchte diese Partnerschaft nicht beenden. Ich weiß gar nicht, wie viele Tausende von Rückführungen ich in den letzten 25 Jahren durchgeführt habe, doch die Kombinationsmöglichkeiten der Beziehungen, von welchen ich erfahren habe, sind scheinbar grenzenlos.

Es ist üblich, dass Familien in aufeinanderfolgenden Leben zusammen sind. Die Beziehungen verändern sich von Inkarnation zu Inkarnation, sind jedoch von der Person, die in ein früheres Leben zurückversetzt wird, leicht zu erkennen. Familien findet man häufig in größeren Gruppen von vielleicht 50 Menschen wieder, in welchen Freundschaften die Chance haben, über viele Leben hinweg zu wachsen und sich zu entwickeln. Manchmal können diese größeren Gruppen äußerst komplex sein, wobei in den Beziehungen zwischen den Betreffenden jede mögliche Variante der menschlichen Existenz ausprobiert wird.

Es ist leicht, sich selbst zurückzuführen, um die eigenen früheren Leben zu erforschen. Ich habe es selbst schon Hunderte von Malen getan. Wie bereits erwähnt, ist es normalerweise besser, die erste

Rückführung mit einem kompetenten, professionellen Hypnotherapeuten zu machen. Doch nicht alle Hypnotherapeuten sind daran
interessiert, Rückführungen in vergangene Leben zu machen. In der
Tat lehnen einige von ihnen die ganze Vorstellung ab, Menschen in
ihre früheren Leben zurückzuversetzen. Vor vielen Jahren schrieb ich
zu diesem Thema ein Buch für Hypnotherapeuten. Ich erhielt daraufhin mehrere Briefe von ihnen, da sie der Meinung waren, ich solle ihre Kollegen nicht dazu ermuntern, sich auf dieses Terrain zu begeben.[1] Vergewissern Sie sich folglich, dass der Hypnotherapeut, den
Sie auswählen, Erfahrung und Interesse daran hat, Rückführungen in
vergangene Leben zu machen. Wählen Sie Ihren Hypnotherapeuten
sorgfältig aus, und bestehen Sie darauf, dass die Sitzung aufgezeichnet wird, so dass Sie über eine dauerhafte Aufnahme davon verfügen.

Haben Sie Ihre erste Rückführung erlebt, so wird es für Sie ein
Leichtes sein, sich selbst zurückzuführen, wann immer Sie es möchten.

Natürlich mag es für Sie unmöglich oder recht schwierig sein, einen qualifizierten Hypnotherapeuten zu finden. In diesem Fall
bleibt wohl nur, dass Sie sich selbst in ein früheres Leben zurückversetzen. Sie können dies entweder selbst oder auch mit einer Person
Ihres Vertrauens tun. Im Idealfall ist diese andere Person ebenso daran interessiert wie Sie selbst, ihre eigenen früheren Leben zu erforschen. Dieser Mensch wird imstande sein, Sie durch Ihre Leben in
der Vergangenheit zu führen, und Sie werden umgekehrt ebenso fähig sein, dies mit ihm zu tun. Die wichtigste Grundvoraussetzung
ist, dass Sie beide einander vertrauen. In der Regel ist es keine gute
Idee, sich vom eigenen Seelenpartner leiten zu lassen, denn Ihr Seelenpartner könnte unter Umständen Ihre Rückführung nach seinen
eigenen Interessen in bestimmte Richtungen lenken. Diese sind
möglicherweise jedoch nicht die Orte, für deren Besuch Sie selbst
bereit sind.

Dies ist der negative Aspekt, wenn man von einem anderen geführt wird. Vielleicht möchten Sie an einem bestimmten Ort länger

verweilen, werden aber von Ihrem Coach weitergeschoben. Umgekehrt kann es sein, dass Ihr Meditationsleiter in Bereichen herumstöbert, die Sie diesmal am liebsten gar nicht aufsuchen möchten. Sie brauchen eine sensible, einfühlsame Person ohne persönliches Interesse an dem, was Sie entdecken.

Glücklicherweise können Sie jederzeit in die Gegenwart zurückkehren, indem Sie einfach die Augen öffnen. Während Sie ein Leben in der Vergangenheit besuchen, sind Sie sich Ihres gegenwärtigen Lebens durchaus immer noch bewusst. Es ist beispielsweise unmöglich, in einem früheren Leben wie in einer Falle stecken zu bleiben. Selbst wenn Ihr Coach aus dem Raum gehen und niemals wieder zurückkehren sollte, würden Sie nach ein bis zwei Minuten einfach wieder die Augen aufschlagen.

Möchte Ihr Coach Bereiche erforschen, die Sie selbst entweder nicht interessieren oder die zu persönlich sind, können Sie ihm dies jederzeit mitteilen und ihn anweisen, Sie zu einem anderen Aspekt dieser Inkarnation weiterzuführen. Sie können Ihrem Coach außerdem sagen, dass er langsamer vorangehen soll, wenn er Ihnen zu schnell ist. Sie haben immer noch die Kontrolle über alles, auch wenn ein anderer sie führt.

Ich erinnere mich an ein Experiment mit einem Coach, das ich vor vielen Jahren durchführte. Man entspannt sich normalerweise leichter, wenn man von einem Mitmenschen durch eine Entspannungsübung hindurchgeführt wird, als wenn man es selbst tut. Folglich dachte ich, dass mein Erinnerungsvermögen an vergangene Leben stärker sein könnte, wenn ich jemanden hätte, der mich führen und leiten würde. (In der Praxis stellte sich heraus, dass dies nicht der Fall war, doch es war das Experiment wert, dies herauszufinden.) Mein Coach hatte mich in ein Leben im römischen Britannien zurückversetzt. Mein Vater war ein römischer Soldat, meine Mutter jedoch eine Hiesige. Folglich wurde ich von beiden Seiten nicht richtig anerkannt und hatte ein schwieriges Leben. Während der Rückführung erinnerte ich mich lebhaft an eine sexuelle Begegnung mit einem Mädchen meines Alters. Wir waren beide extrem jung und liebten uns schnell und verstohlen an einem Flussufer. Ich genoss es, diese Szene nochmals zu durchleben, doch als es vorüber war, wollte ich noch tiefer in dieses Leben einsteigen. Mein Coach jedoch führte mich immer wieder an den Fluss zurück, um die sexuelle Szene wieder und wieder zu erleben. Ich wurde wütend auf meinen Coach und wies ihn an, mich an eine andere Stelle zu führen. Er tat dies einige Minuten lang, lenkte mich dann jedoch wieder an den Fluss zurück. Ich ignorierte ihn einfach für den Rest der Rückführung und erforschte jenes Leben in der Weise, wie ich es für mich selbst immer tue. Dies zeigte mir, dass man stets selbst die Kontrolle hat und seinen Coach immer übergehen kann, wenn es nötig ist.

Es ist extrem wichtig, dass Ihr Coach für diese Aufgabe der Richtige ist und ernsthaft, moralisch und verantwortungsvoll arbeitet.

Sie können sich auch mehrere Coaches aussuchen, wenn Sie möchten. Einer wird zum Hauptcoach, die anderen stellen Fragen, mit dem Ziel, die Erfahrung zu erweitern. Ich habe Sitzungen dieser Art persönlich nicht als besonders hilfreich empfunden. Eine Rückführung sollte man ernst nehmen. Oft wird das Ereignis dann zur Party, wenn mehrere Personen beteiligt sind. Folglich neigen die Teilnehmer dazu, respektlose Fragen zu stellen, und die Erfahrung wird generell unbefriedigend.

Wenn Sie die Übung in Kapitel 5 »So ziehen Sie einen Seelenpartner in Ihr Leben« durchgeführt haben, werden Sie die ersten Phasen einer Rückführung als einfach empfinden. Vielen Menschen fällt es leicht, sich zu entspannen. Sie merken dann aber, dass es mehrerer Anläufe bedarf, bevor sie sich in ein früheres Leben zurückversetzen lassen. Dafür gibt es mehrere Gründe.

Angst vor dem Unbekannten ist der Hauptgrund. Diese Angst ist verständlich, jedoch unnötig. In all den Tausenden von Rückführungen, die ich im Lauf der Jahre durchgeführt habe, kam niemals irgendjemand zu Schaden. Jeder ist sicher zurückgekehrt. Zugegeben

- manche Menschen erleben in ihren vergangenen Leben unange-
nehme Szenen, und dies kann lästig sein. Diese Möglichkeit kann
man durch die im Folgenden vorgeschlagene Methode auf ein Mini-
mum reduzieren, denn im Skript heißt es explizit, dass Sie das frühere Leben beinahe so erleben werden, als fände es im Fernsehen
statt und geschähe einem anderen. Selbst wenn Sie sich emotional
völlig hineingezogen fühlen, können Sie jederzeit wieder in Ihr gegenwärtiges Leben zurückkehren, indem Sie die Augen öffnen oder
von eins bis fünf zählen. Man erkennt erst, dass man sich sowohl
dieses gegenwärtigen als auch des vergangenen Lebens, das man erforscht, bewusst ist, wenn man sich selbst zurückgeführt hat. Folglich können Sie im Bruchteil einer Sekunde in Ihr gegenwärtiges Leben zurückkehren, wenn Sie dies möchten. Demzufolge ist es eine
absolut sichere Angelegenheit, und Sie haben die Dinge jederzeit
unter Kontrolle. Haben Sie diesbezüglich jedoch Ängste und Sorgen, so ist es eine gute Idee, Ihre erste Rückführung mit Hilfe eines
erfahrenen Hypnotherapeuten zu erleben.

Manchen Menschen fällt es schwer, loszulassen und in ein früheres Leben zurückzukehren. Dies kann mit unbewussten Ängsten
zu tun haben, passiert aber manchmal auch Menschen, die ganz
wild darauf sind, ihre vergangenen Leben zu erforschen. Wenn Sie
merken, dass Sie sich zwar leicht entspannen können, es jedoch
schwierig finden, völlig loszulassen und in ein früheres Leben zurückzukehren, so vergessen Sie für eine Weile Ihren Wunsch, eine
frühere Inkarnation erforschen zu wollen, und benutzen Sie den
Zustand der Selbsthypnose, um Ihrem Verstand positive Glaubens-
sätze einzupflanzen. Sie können beispielsweise in etwa Folgendes
sagen:

*»Ich bin eine positive, wertvolle Person. Ich verdiene es,
meine Ziele zu erreichen. Eines meiner Ziele besteht darin,
meine eigenen Leben in der Vergangenheit zu erforschen.
Ich habe die Fähigkeit, dies zu tun. Ich vertraue darauf,*

dass ich dieses Ziel erfolgreich erreichen kann und bitte um göttliche Führung und Beistand, während ich dies tue.«

Haben Sie dies gesagt, so achten Sie einfach einige Sekunden lang auf Ihren Atem. Zählen Sie dann im Stillen bis fünf, und öffnen Sie die Augen. Bleiben Sie positiv eingestellt angesichts der Vorstellung, dass Sie zurückkehren und Ihre früheren Leben erforschen können, und versuchen Sie es nach ein bis zwei Tagen erneut. Meiner Erfahrung nach gelingt es etwa der Hälfte der Menschen beim ersten Versuch, sich in ein früheres Leben zurückzuversetzen. Einem weiteren Viertel gelingt es beim zweiten Versuch. Beim Rest variiert die Erfolgsquote enorm.

Sie sind kein Versager, wenn es Ihnen beim ersten Mal nicht gelingt. Jeder Mensch ist anders. Nehmen Sie sich die Zeit, die Sie persönlich benötigen, bleiben Sie optimistisch und vertrauen Sie darauf, dass es Ihnen gelingen wird – und letztendlich wird es das auch.

Natürlich müssen Sie einen Zeitpunkt wählen, zu dem Sie aller Wahrscheinlichkeit nach nicht gestört werden. Der Raum sollte angenehm warm und möglichst ruhig sein. Setzen Sie sich auf einen bequemen Stuhl, oder legen Sie sich entspannt hin. Ein Liegestuhl ist hierfür perfekt geeignet. Da bei der Selbsthypnose Ihre Körpertemperatur um ein bis zwei Grad sinken wird, kann es sein, dass Sie sich mit einer leichten Decke zudecken möchten. Vielleicht möchten Sie auch gern im Hintergrund sanfte New Age-Musik laufen lassen. Wenn Sie dies tun, so wählen Sie etwas aus, was nicht sofort zu identifizieren ist. Sie möchten sich in ein früheres Leben zurückversetzen und nicht eines Ihrer Lieblingsmusikstücke nachsummen. Ich persönlich bevorzuge es, keine Hintergrundmusik spielen zu lassen, wenn ich Rückführungen mache.

Vielleicht möchten Sie auch das folgende Skript auf Tonträger aufnehmen und sich selbst vorspielen. Wenn Sie einen Coach zu Ihrer Unterstützung einsetzen, kann diese Person das Skript laut vorlesen.

Andererseits kann es auch sein, dass Sie es auswendig lernen und sich dann selbst im Stillen vorsagen möchten. Alle Methoden haben ihre Vor- und Nachteile.

Es gibt zwei Möglichkeiten, einen Coach einzusetzen. Der Coach kann das Skript vorlesen, während Sie durch die Rückführung gehen, jedoch nicht sprechen. Der Coach kann aber auch an jeder Station Fragen stellen, die Sie laut beantworten. Dadurch können Sie die Rückführung auf Tonträger aufnehmen und so oft anhören, wie Sie möchten. Sie werden sich aber an das Erlebte erinnern, und daher besteht keine Notwendigkeit, die Sitzung aufzunehmen. Doch eine Aufnahme ist hilfreich, wenn Sie ein halbes oder ein Jahr später Fragen dazu haben. Ich habe keine Fragen ins Skript integriert, da die Fragen, die gestellt werden, von der Situation bestimmt werden sollten, in der sich die betreffende Person in der Rückführung wiederfindet.

Führen Sie die Rückführung alleine durch, so ist es weniger wahrscheinlich, dass Sie sich ablenken lassen oder einschlafen, während Sie der Aufnahme zuhören und den Vorschlägen folgen. Der Nachteil beim Anhören einer Aufnahme liegt darin, dass die aufgenommene Stimme womöglich zur nächsten Station der Rückführung eilt, bevor Sie die Situation, in der Sie sich gerade befinden, voll und ganz erkundet haben. Ich persönlich höre lieber eine Aufnahme an, wiederhole die Rückführung jedoch ohne diese nochmals, wenn es zu Vorfällen oder Situationen kommt, die ich gern ausführlicher erforschen möchte.

Entspannen Sie sich schließlich in Ihrem Stuhl und folgen Sie den Anregungen auf Band. Es besteht keine Notwendigkeit, die Worte zu analysieren oder auch groß aufzupassen. Entspannen Sie sich einfach und genießen Sie die Erfahrung.

Rückführungs-Skript

Atmen Sie richtig tief ein, und schließen Sie beim Ausatmen die Augen. Entspannen Sie all Ihre Muskeln von der Scheitelspitze bis zu den Zehenspitzen. Nehmen Sie einen weiteren tiefen Atemzug, und stellen Sie sich beim Ausatmen vor, wie Ihre Muskeln locker und träge werden und sich entspannen. In der Tat werden Sie von Atemzug zu Atemzug entspannter, immer entspannter. Es ist so friedlich, so warm und so ruhig, wenn Sie sich so tief entspannen und sich mit jedem Atemzug tiefer und tiefer sinken lassen.

Jedes Geräusch, das Sie von außen wahrnehmen, versetzt Sie sogar noch tiefer in diese angenehme Entspannung. Sie fühlen sich nun locker und angenehm entspannt. Lassen Sie es einfach zu, dass Sie sich noch weiter entspannen, während Sie tiefer und tiefer und tiefer hinabsinken.

Werden Sie sich der Muskeln Ihrer Zehen gewahr. Spüren Sie, wie diese sich entspannen, während Sie Ihre Aufmerksamkeit auf diese richten. Lassen Sie zu, dass diese angenehme Entspannung nun in Ihre Füße dringt und sich die Muskeln in Ihren Füßen jetzt entspannen. Genießen Sie dieses angenehme Gefühl. Ihr ganzer Körper ist jetzt entspannt. Ihre Füße sind absolut locker und träge.

Erlauben Sie, dass dieses angenehme Gefühl der Entspannung nun langsam an beiden Beinen emporkriecht und auf seinem langsamen Weg nach oben alle Körperzonen entspannt. Lassen Sie zu, dass die Entspannung in Ihre Fußknöchel, in Ihre Waden und Knie wandert. Jetzt zieht sie weiter, hinauf in Ihre Hüften, bis beide Beine völlig locker und entspannt sind.

Entspannen Sie nun die Muskeln in Ihrem Gesäß und lassen Sie das Gefühl der Entspannung in Ihren Bauch und Ihren Magen eindringen. Was für ein angenehmes Gefühl es ist, sich zu entspannen und loszulassen, ohne dass Sie irgendetwas stört oder belästigt. Es ist so einfach und so, so erholsam.

Lassen Sie das Gefühl der Entspannung nun nach oben wandern, hinauf in Ihren Brustkorb. Spüren Sie, wie die Muskeln in Ihrem Brustkorb sich nun entspannen, und lassen Sie die Entspannung dann in Ihre Schultern wandern. Spüren Sie, wie aller Stress,

121

alle Anspannung und Verspannung nun aus Ihren Schultern verschwindet, während sich das angenehme Gefühl der Entspannung ausbreitet.

Lassen Sie jetzt das wunderbare Gefühl der Entspannung beide Arme hinab bis in die Fingerspitzen wandern. Lassen Sie zu, dass sich Ihre Finger, Hände und Arme so gut wie nur möglich entspannen.

Spüren Sie, wie das Gefühl der Entspannung nun in Ihren Hals wandert. Lassen Sie diese Entspannung bis hinauf in Ihr Gesicht und bis ganz nach oben in Ihren Kopf strömen. Spüren Sie, wie sich die Muskeln Ihrer Kopfhaut entspannen. Lassen Sie die Muskeln rund um Ihre Augenpartie entspannen. Spüren Sie, wie dieses wunderbare Gefühl der Entspannung Ihren gesamten Körper durchströmt. Sie sind völlig eingehüllt in einen friedlichen Zustand völliger Entspannung und entspannen sich mit jedem Atemzug, den Sie nehmen, mehr und mehr. Sie entspannen sich mehr und mehr, mit jedem leichten Atemzug, den Sie nehmen.

Stellen Sie sich nun vor, Sie befänden sich in einem wunderschönen Raum. Betrachten Sie die herrlichen Möbel, und spüren Sie den dichten Flor des Teppichs unter Ihren Füßen. Einige Ihrer wertvollsten Besitztümer befinden sich in diesem Raum, und Sie sind glücklich, diese hier vorzufinden. Andere Gegenstände, die Sie in der Vergangenheit bewundert haben, befinden sich ebenfalls hier. Gemälde, Skulpturen, Nippes und andere interessante Dinge, die Sie gern betrachten. Es fühlt sich so erholsam an, in diesem Raum zu sein, umgeben von all diesen schönen Dingen. Doch Sie wissen, dass Sie noch tiefer vordringen können, denn in der Ecke des Raumes befindet sich ein Aufzug, und Sie wissen, dass er Sie in einen noch tieferen Zustand totaler, völliger Entspannung bringen wird.

Während Sie den Aufzug betrachten, öffnen sich die Türen, und er steht da, bereit, dass Sie einsteigen. Sie tun den ersten Schritt nach vorn, fasziniert von der Schönheit und der Pracht dieses herrlichen Aufzuges. Während Sie in den Aufzug einsteigen, scheint der Flor des luxuriösen Teppichs unter Ihren Füßen jeglichen Stress und jegliche Anspannung, die sich noch in Ihrem Körper befinden, aus Ihnen herauszusaugen.

Jetzt schließen sich die Türen, und der Aufzug bewegt sich langsam nach unten. Er macht an jeder Etage halt, und Sie stellen fest, dass jeder Halt in Wirklichkeit ein Tor in eines Ihrer vielen Leben in der Vergangenheit ist. Sie brauchen nur in Gedanken einen bestimmten Punkt auszuwählen, wo Sie aussteigen möchten, und die Türen des Aufzuges werden sich öffnen und Ihnen erlauben, in eines Ihrer vielen früheren Leben zurückzukehren.

Jetzt öffnen sich die Türen, und Sie spazieren vertrauensvoll in ein bestimmtes Leben in der Vergangenheit, das für Sie in der gegenwärtigen Inkarnation relevant und von Bedeutung ist. (Machen Sie eine Pause von 30 Sekunden.)

Nehmen Sie sich die Zeit, sich zunächst mit der Umgebung vertraut zu machen. Schauen Sie sich um, und stellen Sie fest, wo Sie sind. Schauen Sie, ob jemand bei Ihnen ist. Betrachten Sie sich daraufhin selbst. Stellen Sie fest, welche Kleidung Sie tragen. Sind Sie männlich oder weiblich? Gehen Sie die Szene durch, und saugen Sie jede noch so kleine Information in sich auf.

Und nun, bei drei, wandern wir mit Ihnen in jenem Leben vorwärts oder rückwärts, um zu sehen, wie Sie Ihre Zeit genau verbracht haben. Sie werden arbeiten oder das tun, was auch immer Sie an einem ganz normalen, typischen Tag gemacht haben.

Eins, zwei, drei. Jetzt sind Sie dort. Nehmen Sie wiederum alles wahr. Schauen Sie, wer bei Ihnen ist und was diese Menschen tun. Beobachten Sie, was Sie gerade tun. Spüren Sie, wie Sie sich damals bei dem fühlten, was Sie taten. Ist es geistig anregend? Ist es eine befriedigende Arbeit? (Pause)

Jetzt verlassen wir diese Szene und wandern in eine andere Phase jenes Lebens, das wir gerade erforschen. Wir werden zu einem besonderen Moment in jenem Leben gehen – zu dem Moment, in dem Sie das erste Mal jener Person begegneten, die Sie in jenem Leben am meisten liebten. Bei drei sehen Sie, wie Sie jene Person das erste Mal treffen. Eins, zwei und drei. Jetzt sind Sie dort. Sehen Sie sich um, und schauen Sie, was Sie sehen können. Erleben Sie die Gefühle und Emotionen. Hören Sie, was vor sich geht. Tauchen Sie in diese Erinnerung ein. (Pause)

Gut. Und nun wandern wir weiter bis zu einem besonderen, glücklichen Moment, den Sie mit der Person erleben, die Sie in

123

jenem Leben am meisten liebten. Bei drei befinden Sie sich in jener glücklichen Situation mit dieser speziellen Person. Eins, zwei und drei. Sehen Sie, wie Sie und die betreffende Person sich lieben. Erleben Sie, was Sie tun. Spüren Sie die Liebe und andere Gefühle, die Teil dieses besonderen Moments sind. (Pause)

Und nun wandern wir weiter zu einem besonderen, intimen Augenblick, den Sie beide miteinander teilten. Ein Moment, in dem die Liebe, die Sie füreinander verspürten, zum Ausdruck kam. Eins, zwei und drei – Sie sind dort. Erleben Sie die Gnade und Freude jenes besonderen Augenblicks.

Jetzt, bei drei, werden wir zu einer typischen Familienszene weiterwandern. Es ist früher Abend, und Sie und die anderen Familienmitglieder sind alle beisammen. Eins, zwei und drei. Schauen Sie sich um, und machen Sie sich mit Ihrer Familie aus jenem Leben vertraut. Beobachten Sie, wo Sie sich befinden, und was vor sich geht. Sehen Sie, was jede Person gerade tut, und werden Sie sich deren Wechselbeziehungen zueinander bewusst. (Pause)

Nun werden wir uns – wieder bei drei – in einen Moment begeben, wo Sie mit engen Freunden zusammen sind. Eins, zwei und drei. Schauen Sie, was Sie gerade tun. Beobachten Sie Ihre Freunde, und genießen Sie das flüchtige Gefühl der Intimität, das Sie erleben, wenn Sie mit Ihren engsten Freunden beisammen sind. (Pause)

Jetzt werden wir zu Ihrem allerletzten Tag in jener Inkarnation gehen. Sie sind noch nicht tot und werden die Ereignisse jenes letzten Tages losgelöst und ohne Emotionen betrachten, als würden Sie im Fernsehen zuschauen, wie dies jemand anderem passiert. Eins, zwei und drei.

Gehen Sie die Ereignisse jenes letzten Tages durch. Schauen Sie, wie alt Sie sind, stellen Sie fest, wer bei Ihnen ist, und erinnern Sie sich an jeden Vorfall bis zu dem Augenblick Ihres Todes. (Pause)

Und nun befinden wir uns wenige Augenblicke nach Ihrem Tod. Sie befinden sich nun in der geistigen Welt und können auf Ihren physischen Körper hinabschauen und die Szene betrachten. Spüren Sie, wie Sie sich fühlen. Werden Sie sich der Gefühle bewusst, die Sie über jenes vergangene Leben empfinden, das wir soeben betrachtet haben. (Pause)

Haben Sie all das getan, was Sie tun wollten? (Pause)
Waren Sie so erfolgreich, wie Sie es sich gern gewünscht hätten? (Pause)
Waren Sie glücklich? Wurden Sie von anderen Menschen geliebt? (Pause)
Gibt es karmische Faktoren aus jenem Leben, die in Ihrem gegenwärtigen Leben noch bearbeitet werden müssen? (Pause)
Und nun werden Sie bei fünf wieder zurückkehren in die Gegenwart. Sie werden jenes Leben hinter sich lassen. Doch nun, da die Tür aufgestoßen wurde, werden Sie sich in den nächsten Tagen mehr und mehr an jenes Leben erinnern. Es wird in Ihrer Vorstellung allmählich immer klarer werden. Natürlich können Sie in jenes frühere Leben auch so oft zurückkehren, wie Sie möchten, um es weiter zu erforschen.

Sie kehren nun langsam bei fünf zurück. Eins – Sie fühlen sich entspannt und wohl. Zwei – Sie werden sich an absolut alles erinnern, was während dieser Rückführung zutage getreten ist. Drei – Sie fühlen sich ruhig und entspannt. Nichts kann Sie stören oder belästigen. Vier – Sie fühlen sich in jeder Hinsicht wunderbar. Und fünf – Sie sind zurück in der Gegenwart, fühlen sich wohl, sicher und bereit, mit Ihrem Alltagsleben weiterzumachen (Pause)

Nun werde ich Sie auffordern, bei fünf in Ihr volles Tagesbewusstsein zurückzukehren. Sie werden Ihre Augen öffnen und sich erfrischt, gestärkt und voller Energie fühlen. Eins – Sie fühlen sich wunderbar. Zwei – Sie kehren nun zurück. Drei – Sie haben alles völlig unter Kontrolle, sind entspannt und glücklich. Vier – Sie sind fast da, und fünf – Sie öffnen die Augen und fühlen sich wunderbar.

Nachdem Sie von Ihrem früheren Leben zurückgekehrt sind, bleiben Sie eine Weile lang ruhig sitzen und denken über das nach, was Sie erfahren haben. Vielleicht sind Sie überrascht über das, was Sie entdeckt haben. Möglicherweise halten Sie sich im jetzigen Leben für eine aufrichtige, ehrliche Person, finden jedoch heraus, dass Sie in Ihrem letzten Leben ein Dieb waren. Sie haben unter Umständen

Dinge getan, an welche Sie in diesem Leben nicht im Traum gedacht hätten. Natürlich könnte auch das Gegenteil der Fall sein. Manche Menschen fühlen sich betroffen, wenn sie in einer Rückführung in ein früheres Leben das Geschlecht wechseln. Ich erinnere mich an einen Mann, der augenblicklich seine Augen aufschlug und aus der Rückführung zurückkehrte, sobald er erkannte, dass er eine Frau war. Er brachte es mit einer latenten Angst in Verbindung, homosexuell zu sein. Natürlich ist dies nicht der Fall, da jeder von uns viele Leben in dem Geschlecht erlebt, das unserem heutigen entgegengesetzt ist. Wenn ein Geschlechtswandel wirklich ein Problem darstellt, können Sie, während Sie im Aufzug abwärtsfahren, ganz speziell den Wunsch äußern, nur in ein Leben zurückzukehren, in dem Sie das gleiche Geschlecht wie heute hatten.

Ich finde es interessant, das Leben auf möglichst unterschiedliche Weise zu erleben. Ein Geschlechtswechsel ist nur eine davon. Eine meiner Rückführungen brachte mich in ein Leben als Steinmetz im 14. Jahrhundert zurück. Es ist das einzige Leben, das ich entdeckt habe, in dem ich ausschließlich von meiner körperlichen Arbeit gelebt habe, und ich bin mehrmals dorthin zurückgekehrt, um es noch intensiver zu erleben. In den meisten meiner vergangenen Leben war ich Lehrer, Forscher, Schriftsteller oder Musiker. Ich bin all dies in meinem jetzigen Leben schon gewesen und finde es interessant, die Entwicklung meiner verschiedenen Interessen über viele verschiedene Lebzeiten hinweg zu verfolgen. Doch mein Leben als Steinmetz ragt heraus, da es sich von den anderen vollkommen unterscheidet. Ich habe noch nicht entdeckt, weshalb ich anscheinend nur ein einziges Leben mit harter körperlicher Arbeit verbracht habe.

Sie können dieses Skript wortwörtlich verwenden, wenn Sie möchten. Sie können auch etwas hinzufügen oder es in der für Sie passenden Weise verändern. Vielleicht sind Sie der Meinung, der Entspannungsteil ist nicht lang genug, um Sie völlig in die Entspannung zu bringen. Verlängern Sie einfach diesen Teil, bis er die richtige

Länge für Sie hat. Mit zunehmender Praxis werden Sie merken, dass es immer weniger Zeit bedarf, bis Sie entspannt genug sind. Ich kann mich innerhalb von Sekunden selbst hypnotisieren. Doch manchmal verbringe ich auch mehrere Minuten damit, mich allmählich zu entspannen, da es äußerst angenehm ist, langsam abzuschalten, sich zu entspannen und die Sorgen des Tages von sich abfallen zu lassen.

Sie können auch den Teil über das frühere Leben im Skript ändern. Vielleicht möchten Sie Ihre Kindheit erforschen und mehr über Ihre Beziehungen zu Ihren Eltern, Geschwistern und Freunden herausfinden. Möglicherweise möchten Sie sich an Zeiten erinnern, da Sie erfolgreich waren und Ihre Ziele erreichten. Unter Umständen möchten Sie Ihr Leben Schritt für Schritt durchgehen und sich all die Höhen und Tiefen im Detail in Erinnerung rufen. Eventuell möchten Sie bei Ihrem eigenen Begräbnis dabei sein und sehen, was auf Ihrem Grabstein steht. Letzteres kann extrem nützlich sein, da Sie dort Ihr Geburts- und Todesdatum aufgeführt finden.

Höchstwahrscheinlich werden Sie Ihre Seelenpartnerschaften genauer unter die Lupe nehmen wollen. Wenn Sie während einer Rückführung einen Seelenpartner wiedererkennen, sollten Sie aus dieser Gelegenheit das Beste machen und Ihre Beziehung von damals so gründlich wie möglich erforschen.

Natürlich können Sie von selbst alle möglichen Fragen stellen, die Sie interessieren. Zumindest möchte ich meinen Namen und mein Geschlecht erfahren und wissen, welcher Beschäftigung ich nachgegangen bin bzw. auf welche Weise ich meine Zeit verbracht habe sowie die Person sehen, die ich in jenem Leben am meisten geliebt habe. Idealerweise möchte ich auch die Umstände im Weltgeschehen der Zeit erfahren, in der ich lebte, sowie meine Geburts- und Todesdaten, meine Hobbys, meine Interessen und alle sonstigen Fakten, die ich benutzen kann, um die Erfahrung im Nachhinein zu überprüfen. In einigen meiner Rückführungen waren die Einzelheiten unglaublich, andere Male hingegen scheine ich nur ein verschwommenes Bild dessen zu erhalten, was geschehen ist, ohne jegliche Details, die ich später überprüfen könnte. Ich prüfe auch gern, ob die Interessen, die ich in diesem Leben habe, deckungsgleich mit denjenigen sind, die ich in jenem Leben hatte, das ich gerade zu erforschen im Begriff bin.

Ich finde es faszinierend, dass Fähigkeiten, die in einem früheren Leben wichtig waren, derzeit jedoch nicht genutzt werden, nahezu augenblicklich wieder erlernt werden können. Ich versetzte eine Frau in ein Leben im georgianischen England zurück. In jenem Leben war sie perfekt in Handarbeiten – etwas, was sie in diesem Leben niemals gemacht hat. Kurz nach der Rückführung brach sie sich ein Bein und nahm, teilweise auch wegen ihrer Erinnerungen in der Rückführung, Handarbeiten als Beschäftigung auf, bis sie wieder gesund wurde. Die Arbeiten, die sie hervorbrachte, erregten sofort beachtliches Interesse, und jeder wunderte sich darüber, wie gut sie darin war, obgleich sie dies niemals zuvor getan hatte. Natürlich hatte sie es schon einmal getan – nur 200 Jahre vorher!

Manchmal wechsle ich die Methode, um ein früheres Leben ausfindig zu machen, der Abwechslung halber. Anstelle in einem Aufzug nach unten zu fahren, stelle ich mir vor, wie ich einen langen Korridor entlangeile, an dem zu beiden Seiten Türen abgehen. Hinter jeder Tür verbirgt sich ein bestimmtes Leben aus meiner Vergangenheit. Ich kann jede Türe nach Lust und Laune öffnen und kehre umgehend in eben jenes frühere Leben zurück. Eine weitere Methode besteht darin, sich vorzustellen, wie man etwa 200 Meter über dem Erdboden in der Luft schwebt und dann wieder in einem anderen Leben auf der Erde landet.[2]

Ganz gleich, welche Methode Sie bevorzugen, Sie werden es als ein faszinierendes Erlebnis empfinden, Ihre früheren Leben zu erkunden.

Haben Sie erst einmal einige Rückführungen erlebt, so werden Sie es interessant finden, sich selbst in die Zeit kurz vor Ihrer Geburt in diesem Leben zurückzuversetzen. Sie werden sich in der geistigen Welt wiederfinden, kurz bevor Sie Ihren derzeitigen physischen Körper bezogen. Jetzt können Sie Ihrer Seele so viele Fragen stellen, wie Sie möchten. Wahrscheinlich werden Sie herausfinden, dass Ihre Seele nicht wirklich wieder in einen anderen Körper zurückkehren möchte, da sie in der spirituellen Dimension völlig glücklich und zufrieden ist. Schließlich befindet sie sich ja in ihrem spirituellen Zuhause. Wenn Sie sie fragen, weshalb sie zurückkehrt, werden Sie wahrscheinlich zu hören bekommen, dass sie zurückkehren muss, um sich spirituell und seelisch weiterzuentwickeln. In der Tat werden Sie herausfinden, dass Ihre Seele nur zögerlich zurückkehrt, sich jedoch freiwillig dazu bereit erklärt hat, da sie nach Möglichkeiten sucht, um sich weiterzuentwickeln. Sie können auch nachfragen, weshalb sie gerade Ihre Persönlichkeit für diese Inkarnation gewählt hat, sowie alle weiteren Fragen stellen, die Sie interessieren. Dies kann eine sehr wertvolle Erfahrung sein, eine Erfahrung, die Ihnen bei Ihrem persönlichen Wachstum und Ihrer Entwicklung weiterhelfen wird.

Eine Muster-Rückführung

Catherine war zu mir gekommen, da sie ihren Seelenpartner suchte. Sie war seit etwa zwei Jahren geschieden und fühlte sich für eine neue Beziehung bereit. Doch diesmal wollte sie sichergehen, den richtigen Partner zu finden.

Folglich schlug ich ihr, sobald sie entspannt genug war, vor, direkt in ihr letztes Leben zurückzukehren, in dem sie mit ihrem Seelenpartner zusammen gewesen war.

»Ich glaube, ich bin angekommen. Es ist kalt – und dunkel.«

»Bist du drinnen oder draußen?«

»Draußen. Es tobt ein Sturm. Ich habe mich unter dem Eichenbaum untergestellt. Ich kann die schwarze Scheune bis hierher sehen.«

»Wohnst du auf einem Bauernhof?«

»Natürlich. Da bin ich zu Hause.«

»Bist du männlich oder weiblich?

»Ich bin weiblich.«

»Und wie alt bist du?« (Manchmal schlage ich vor, dass die betreffende Person sich in einem bestimmten Alter im früheren Leben vorfindet. Manchmal ist es leichter, der Person zu sagen, dass sie sich in der Zeit rückwärts oder vorwärts bis zu einem bestimmten Alter bewegen soll. Ich benutze entweder das Alter von 12 oder von 20 Jahren. 12, weil die Person genug Erfahrung besitzt, um über das vergangene Leben zu berichten, sich jedoch wahrscheinlich noch nicht in einer wichtigen Beziehung befindet. 20, weil die betreffende Person sich wahrscheinlich in einer Beziehung befindet oder nach einer solchen Ausschau hält. Theoretisch könnte ich sie natürlich auffordern, in irgendein beliebiges Alter zurückzukehren.)

»Sechzehn. Wenigstens fast.«

»Wie heißt du?«

»Maureen.«

»Okay, Maureen. Was tust du da draußen im Regen?«

»Ist ein Sturm aufgezogen. Vater wollte, dass die Schafe reingetrieben werden.«

»Hast du das gemacht?«

»Alle außer eines. Ich kann es nicht finden.«

»Weißt du, wo auf der Welt du lebst?«

»N'türlich. In Somerset.«

»In welchem Jahr befinden wir uns?«

»Dezember. Dezember 1861.«

»Gehst du zur Schule?«

Maureen schnaubt verächtlich und kichert dann. »Schule? Ich?«

»Hast du Geschwister?«

»Ja. Stockfaul, das ganze Pack. Ich bin die Älteste. Sieben sind wir. Hat Mutter beinahe umgebracht, jeder von uns. Hat Vater jedoch nicht zurückgehalten!«

»Lass' uns nun vorwärtsgehen. Wir wollen weitergehen, bis du 21 bist. Lebst du immer noch auf dem Hof?«

»Ja.« Maureen schüttelt heftig den Kopf. »Kann jetzt nicht gehen.«

»Warum nicht?«

»Mutter ist gestorben. Ich bin hier jetzt die Mutter.«

»Hast du einen Freund?«

Ein argwöhnischer Ausdruck huscht über Maureens Gesicht. »Hast du mir nachspioniert?«

»Natürlich nicht. Ich bin bloß neugierig.«

»Na ja. Nicht wirklich. Ich treffe Tom Bellowes manchmal unten im Dorf. Er steht auf mich.«

»Bist du schon einmal mit ihm ausgegangen?«

Maureen kichert und knetet die Hände ineinander. »Was würden die Leute sagen? Nein. War noch nie mit ihm weg.«

»Sprichst du mit ihm? Unten im Dorf?«

»Versuch' ich, aber der ist schüchtern. Wird knallrot, wenn er mich sieht.«

»Ist er Bauer?«

»Na ja, er arbeitet auf dem Hof seiner Leute. Macht, was sein Vater ihm sagt. Aber er liest. Er liest viel. Zu viel, finde ich. Ist nicht gut für einen, all das Lernen in Büchern. Nicht praktisch genug, sagt Vater dazu.«

»Mag dein Vater ihn?«

Maureen schüttelt den Kopf. »Hält ihn für langweilig. Nicht gerade umwerfend.«

»Okay, lass' uns nochmals weitergehen. Diesmal gehen wir so weit, bis du mit dem Menschen zusammen bist, den du in jenem Leben am meisten geliebt hast. Bei drei bist du dort. Eins, zwei und drei.«

»Das kann ich nicht.«

»Warum nicht?«

»Sie ist tot. Mutter ist tot.«

»Natürlich. Das habe ich vergessen. Lass' uns zu der ernsthaftesten Beziehung gehen, die du in jenem Leben, das wir erforschen, mit einem Mann hattest. Eins, zwei und drei. Kannst du ihn sehen?«

(Ich verwendete nur die Worte »Kannst du ihn sehen?«, da Catherine eine visuelle Person war. In Rückführungen ›sehen‹ manche Menschen alles, andere ›fühlen‹ oder ›spüren‹ die Dinge, wieder andere haben einfach nur einen ›Eindruck‹. Meine Wortwahl wird von der Person bestimmt, die ich rückführe.)

»Ich sehe ihn. Er sitzt am Feuer. Liest ein Buch.«

»Oh. Ist es Tom?«

»Ja, Tom Bellowes.«

»Wie alt bist du jetzt?"

»Dreiunddreißig.«

»Wie geht es mit deiner Beziehung mit Tom voran?«

»Wie es vorangeht? Hat sich seit 20 Jahren nichts bewegt! Er ist immer noch der gute alte Tom. Immer die Nase in einem Buch.«

»Kannst du lesen, Maureen?«

Der argwöhnische Blick strich erneut über ihr Gesicht. »Mit wem hast du denn geredet? Ich bin doch dumm, nicht wahr?«

»Nein, nein. Nur neugierig.«

»Tötet mir den Nerv, deine Neugier.«

»Erzähl' mir über deine Beziehung zu Tom.«

»Da gibt's nichts zu erzählen. Wir treffen uns im Dorf. Reden ein bisschen. Das ist alles.«

»Wie verbringst du deine Zeit?«

»Ich bin die Dienstmagd für alle. Ich wasche, putze, koche, nähe, und dann geht es von vorne los. Tolles Leben, was?«

Es war offensichtlich, dass dieses Leben nicht viel bieten würde, was nützliche Informationen betraf. Ich beschloss, sie in ein anderes Leben zu führen, doch plötzlich kam mir der Gedanke, es könne interessant für sie sein, den letzten Tag ihres Lebens in der Inkarnation zu sehen, die wir gerade betrachteten.

»Bei drei befindest du dich am letzten Tag in jenem Leben. Du wirst noch nicht tot sein und die Szene leidenschaftslos beobachten, als ob du einen Film anschauen würdest. Eins, zwei und drei. Wo bist du?«

»Im Dorf. Am Dorfplatz. Ich kann den Maibaum sehen. Es ist ein wunderschöner Tag. Ich unterhalte mich mit Tom.«

»Ist es schön, ihn zu sehen?«

»Was denkst du denn? N'türlich. Es ist ganz still. Ich höre einen Wagen. Und das Pferd. Ein großes, schwarzes Pferd, das bockt und ausschlägt und versucht wegzulaufen und dabei den Wagen zieht. Leute schreien auf. Ich versuche wegzukommen. Ich bin zu langsam. Ich werde gestoßen. Ich stürze zu Boden. Tom ist da. Er wiegt mich in seinen Armen. Ich starre in sein Gesicht, und er weint. Er hält mich ganz fest. Ich kann seine Lederschürze riechen. Er sagt mir, dass er mich liebt. Schon immer. Aber es ist zu spät. Jetzt bin ich aus meinem Körper draußen. Ich bin tot.«

»Okay. Es ist nur wenige Sekunden nach deinem Tod. Du bist nun in der geistigen Welt und schaust auf den physischen Körper herab, den du gerade verlassen hast. Kannst du deinen Körper sehen?«

»Ja. Alle haben sich um mich versammelt. Die Menschen laufen herbei, man hört viele Schreie. Sie weinen alle. Tom ist ganz außer sich. Wusste gar nicht, dass sich überhaupt einer von ihnen 'was aus mir gemacht hat.«

»Bist du dir irgendeines Karmas aus jenem Leben bewusst, das noch Auswirkungen auf dein jetziges Leben hat?«

»Oh ja. Ich muss mehr geben. Ich muss mich mehr anstrengen. Wenn ich etwas will, muss ich dafür sorgen, dass es passiert.«

»Möchtest du in die Gegenwart zurückkehren oder noch in ein anderes Leben zurückgehen?«

Catherine gab ein langes Seufzen von sich, und einen Augenblick lang dachte ich, sie würde lieber wieder in die Gegenwart zurückkehren.

Nach einer langen Pause sagte sie mit fester Stimme: »Ein anderes Leben.«

»Okay, nimm einen tiefen Atemzug, und atme langsam aus. Sieh', wie du einen langen Flur entlanggehst, von dem zu beiden Seiten Türen wegführen. Ich möchte, dass du diesen Gang entlangläufst, bis du eine bestimmte Tür erreichst. Plötzlich wirst du das Gefühl haben, dass du, wenn du jene Tür öffnest, augenblicklich in ein früheres Leben zurückkehren wirst, das für dich von besonderem Nutzen ist. Lass' mich wissen, wenn du diese Tür erreicht hast.«

Etwa 20 Sekunden später sagte mir Catherine, dass sie sie gefunden habe.

»Gut. Öffne die Tür, und tritt ein.« Ich machte eine halbe Minute Pause, um es Catherine zu ermöglichen, sich mit dem Umfeld vertraut zu machen.

»Bist du männlich oder weiblich?«

»Weiblich.« Sie kicherte. »Definitiv weiblich.«

»Bist du drinnen oder draußen?«

»Draußen. Am Badeloch.«

»Bist du allein?«

»Ich hoffe es. Ich bin nackt. Ich war gerade Schwimmen und lasse mich jetzt von der Sonne trocknen. Ich fühle mich so frei und glücklich.«

»Wie alt bist du?«

»Siebzehn.«

»Wie heißt du?«

»Kathy. Mein richtiger Name ist Kathleen, doch niemand ruft mich so.«

»Und wo wohnst du, Kathy?«

»Bei Omaha, Nebraska.«

»Weißt du, welches Jahr wir haben?«

»1923.« Aus irgendeinem Grund hatte ich erwartet, dass sie in ein Leben vor dem anderen zurückgehen würde, und war überrascht, das Jahr zu vernehmen. Ich fragte nach, und sie nannte mit das volle Datum: »21. Juli 1923.«

»Hast du einen Freund, Kathy?«

»N'türlich. Sein Name ist Will. Wir sind seit drei Jahren ineinander verliebt.«

»Gut. Ich werde dich jetzt in eine Zeit führen, wo ihr beide zusammen seid.«

»Ich bin da. Wir sitzen vor einem Laden und essen Eiscreme. Er hat seinen Arm und mich gelegt und bringt mich so sehr zum Lachen, dass ich kaum essen kann. Es schmilzt und läuft mir über die ganze Hand hinunter.« Kathy kichert. »Er berührt meine Brust. In der Öffentlichkeit! Oh nein, da kommt Mama.« Kathy machte eine Pause von zehn Sekunden. »Sie ist nicht erfreut. Ich gehe mit ihr weg, und Will zieht hinter ihrem Rücken Grimassen. Ich versuche, nicht zu lachen.«

»Lass' uns ein Jahr weiter vorwärtsgehen. Bist du immer noch mit Will zusammen?«

»Natürlich. Ich arbeite im Versicherungsbüro, und er kommt fast jeden Tag vorbei. Wir gehen meist gemeinsam Mittagessen.«

»Kommt er abends zu Besuch bei dir vorbei?«

Kathy schüttelte den Kopf. »Nein, Mama gefällt er nicht. Sie sagt, er hat's eilig.«

»Und – stimmt das?«

Kathy grinst. »Ich denke schon.«

»Okay. Wir werden etwa drei Jahre weitergehen. Eins, zwei und drei. Du bist angekommen. Wie alt bist du jetzt?«

»Dreiundzwanzig.«

»Bist du mit Will noch zusammen?«

Kathy bricht in Tränen aus. »Wir waren zusammen, aber er ist weggelaufen.«

»Wo ist er jetzt?«

»Ich weiß es nicht. Es ist meine Schuld.«

»Was ist passiert?«

Kathy beginnt zu schluchzen. »Es ist okay, Kathy. Gehe innerlich auf Abstand, und betrachte es wie auf einem Fernsehbildschirm, als ob es jemand anderem passiert.« Ich mache eine Pause, bis sie aufgehört hat zu weinen.

»Du kannst es mir erzählen, wenn du willst«, fahre ich fort. »Ansonsten gehen wir ein wenig weiter.«

»Ich bin schwanger.«

»Und Will ist der Vater?«

»Natürlich. Er ist der Einzige. Ich habe es ihm gesagt, und er hat die Stadt verlassen. Ich habe geglaubt, er liebt mich.«

»Ich bin mir sicher, dass er dich liebt, Kathy. Hast du es deiner Familie erzählt?«

Kathy schüttelt heftig den Kopf. »Nein, das kann ich nicht machen. Ich werde mich umbringen. Das wird all meine Probleme lösen.«

Kathy begann, tief einzuatmen, als ob sie hyperventilierte. Ich wollte gerade eingreifen, als sie sich plötzlich entspannte und lächelte. »Es ist vorbei.«

»Was ist vorbei?«

»Das Leben da. Ich bin gestorben.«

»Kannst du den Körper sehen, den du gerade verlassen hast?«

»Ich will nicht hinschauen.«

»Okay. Sag' mir, ob irgendein Karma oder irgendetwas anderes aus jenem Leben bleibt, das eine Auswirkung auf das jetzige Leben hat?«

»Ich muss offener sein. Ich glaubte, frei zu sein. Im Geiste war ich ein Rebell, doch in Wirklichkeit war ich schüchtern und zurückhaltend. Zu zurückhaltend.«

»Okay. Wenn ich bis drei gezählt habe, wirst du dich friedlich auf dem Liegestuhl liegend in meiner Praxis wiederfinden. Deine Augen werden geschlossen sein, und du wirst ruhig, entspannt und voller Energie sein. Eins, zwei und drei. Sehr gut. Und nun wirst du bei fünf die Augen öffnen und dich wunderbar fühlen. Du wirst dich außerdem an absolut alles erinnern, was während dieser Sitzung geschehen ist. Deine Erinnerung an jene früheren Leben wird wachsen, da du nun erst einmal die Türen dorthin aufgetan hast. Komm' jetzt zurück. Eins, zwei, drei, vier und fünf – du bist hellwach.«

Catherine war hingerissen, als sie die Augen öffnete.

»Das war Marvyn!«, rief sie. »Es war beide Male Marvyn.«

Da sie bisher den Namen Marvyn nicht erwähnt hatte, fragte ich sie, wer er war.

»Er war meine große Liebe in der Highschool. Jeder dachte, wir würden heiraten, doch er ging dann ab aufs College und fand dort eine andere. Ich weiß nicht, wo er jetzt ist.«

Ich erklärte ihr, dass Marvyn offensichtlich ihr Seelenpartner war, da sie in den beiden letzten Leben zusammen gewesen waren. Doch die Beziehung hatte bei beiden vorangegangenen Gelegenheiten nicht funktioniert, und es schien, dass das Gleiche in dieser Inkarnation passiert war.

»Du hast wahrscheinlich mehrere Seelenpartner«, erklärte ich ihr. »Marvyn ist einer davon, aber es wird viele andere geben. Marvyn war offensichtlich da, damit du Lektionen von ihm lernen konntest, und er hat sicherlich ebenso viel von dir gelernt. Es ist ziemlich wahrscheinlich, dass du ihn in diesem Leben nicht mehr sehen wirst.«

Ich hatte mich getäuscht. Zwei Wochen später rief Catherine an, um mir mitzuteilen, dass sie Marvyn wieder getroffen hatte. Er hatte sich von seiner Frau getrennt und war wieder in die Stadt zurückgekehrt. Er rief Catherine an, und sie unterhielten sich stundenlang. Als sie zum Abendessen ausgingen, war es, als wären sie nie getrennt gewesen.

Ich habe keine Ahnung, ob sie am Ende zusammenkommen werden. Ich hoffe es für sie. Sie sind offensichtlich Seelenpartner, und ich hoffe, dass es diesmal bei ihnen richtig funktioniert.

Als ich diese Rückführung in einen schriftlichen Text gefasst habe, habe ich viel irrelevantes Material weggelassen und hauptsächlich

Informationen aufgenommen, die Catherine und ihre Beziehungen zu ihrem Seelenpartner betreffen.

Normalerweise führe ich meine Klienten in ein einziges früheres Leben zurück. Doch in diesem Fall handelten wir das erste Leben in etwa zehn Minuten ab, und es machte Sinn, wenigstens noch ein weiteres zu beleuchten. Ich hatte glücklicherweise im Gefühl, dass ihr Tod in jenem ersten Leben von Bedeutung war, da jene Inkarnation ansonsten nichts weiter Wertvolles geboten hätte.

Es gibt keinen Grund, weshalb Sie nicht in einer einzigen Sitzung mehrere frühere Leben besuchen könnten. Ich persönlich erforsche jedoch frühere Leben lieber so intensiv wie möglich. Das ist nicht möglich, wenn man beständig von einem Leben zum nächsten springt.

8

Weitere Methoden

Methoden sind die Meister der Meister.
Charles-Maurice de Talleyrand (1754-1838)

*M*einer eigenen Erfahrung nach sind Rückführungen unter Hypnose die einfachste und wertvollste Methode, um etwas über unsere früheren Leben zu erfahren, insbesondere, wenn es uns in erster Linie darum geht, etwas über unsere Seelenpartner zu erfahren. Es können jedoch viele weitere Methoden eingesetzt werden.

Luzides Träumen

Ein luzider Traum ist ein Traum, den Sie selbst steuern. Sie sind sich dessen bewusst, dass Sie träumen, wachen jedoch nicht auf. Die beste Zeit für luzide Träume ist morgens kurz vor dem Aufwachen. Zu diesem Zeitpunkt haben Sie den meisten Teil des Schlafes, den Sie benötigen, gehabt und sind bereits halbwach. Denken Sie in diesem Moment an Ihr Bedürfnis, Ihren Seelenpartner finden zu wollen, und lassen Sie sich teilweise zurück in den Schlaf sinken. Folgen Sie dem Traum, wo auch immer er Sie hinführen mag. Lenken Sie ihn, falls nötig, so, dass er Sie zu Erlebnissen in früheren Leben mit Ihrem Seelenpartner führt.

Wie Sie wissen, enthalten die meisten Träume eine Fülle an inkongruenten und unlogischen Elementen. Bei einem luziden Traum sind Sie imstande, diesen von jenen Aspekten wegzulenken und Aspekte Ihrer früheren Leben aufzudecken. Es erfordert eine Menge Praxis, um erfolgreich luzid zu träumen, doch es lohnt sich durchaus, beharrlich weiterzuüben, da die Informationen, die dabei auftauchen, äußerst hilfreich sein können.

Ein weiterer guter Moment, um luzid zu träumen, ist, wenn Sie unter Stress oder Anspannung stehen oder körperlich ausgelaugt sind. Luzides Träumen fällt uns normalerweise leichter, wenn wir mit Schwierigkeiten im Leben konfrontiert sind. Als wir selbst einmal Schwierigkeiten mit einem unserer Kinder hatten, hatte ich jede Nacht luzide Träume.[1] Aber Stress ist nicht nötig. Mit gezielter Übung werden Sie imstande sein, luzid zu träumen, wann immer Sie es möchten.

Wünschelruten

Wenn man von Wünschelruten spricht, denkt man normalerweise an jemanden, der mit einer Astgabel als Wünschelrute nach Wasser sucht. Doch die Suche mit einer ›Wünschelrute‹ kann man auf unterschiedlichste Weise praktizieren. Es kann besonders nützlich sein, wenn es darum geht, Seelenpartnerschaften zu erforschen.

Aus diesem Grunde besteht die beste Methode darin, ein Pendel zu benutzen. Ein Pendel besteht aus einem kleinen Gewicht, das an einem Stück Faden, Schnur oder an einer Kette befestigt ist. Sie können sich in einem New Age Laden ein Pendel kaufen, doch auch jedes kleine Gewicht, das Sie an ein Stück Faden hängen, genügt. Das beste Gewicht liegt bei knapp unter 100 g. Die sanften Bewegungen eines leichteren Gewichtes lassen sich kaum deuten, und schwerere Gewichte können auf Dauer ermüden. Der Faden sollte zwischen 7,5 und 15 cm lang sein.

Pendel werden schon seit Tausenden von Jahren benutzt, um Fragen zu beantworten. Marcellinus, der von 296 bis 304 nach Christus Papst war, schrieb, dass im ersten Jahrhundert eine Art Pendel in Gebrauch war.[2] In seiner Geschichte des Römischen Reiches beschrieb Marcellinus, wie ein Priester einen Ring benutzte, den er an einem Faden aufhängte, um den Nachfolger von Kaiser Valens zu bestimmen. Der Ring wurde über eine runde Scheibe gehängt, das die Buchstaben des Alphabetes enthielt, und das Pendel schwang und zeigte die Buchstaben T, H, E und O an. Dies verriet den Verschwörern, dass Theodorus der nächste Kaiser sein würde. Kaiser Valens hörte von dieser Verschwörung und ließ die Menschen, die sich gegen ihn verschworen hatten, töten. Darunter waren mehrere Menschen, deren Namen mit ›Theo‹ begannen. Doch er übersah einen Mann namens Theodosius – und dieser wurde schließlich Kaiser.

Nehmen Sie das Pendel am Faden, den Sie zwischen Daumen und Zeigefinger festhalten, wobei Sie das Gewicht nach unten hängen lassen. Der Umgang damit wird Ihnen leichter fallen, wenn Sie Ihren Ellbogen auf dem Tisch aufstützen. Ich finde es hilfreich, mit einer Karte zu arbeiten, auf der zwei gekreuzte Linien einen Kreis in vier Viertel teilen.

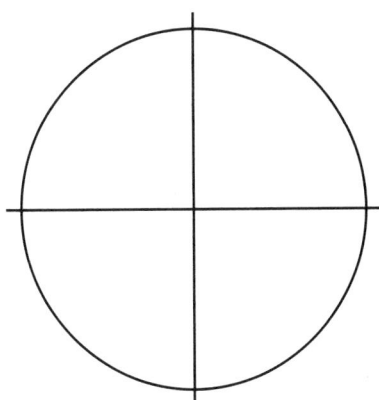

Halten Sie das Pendel über die Mitte der Karte. Sollte es sich bewegen, so stoppen Sie es mit Ihrer freien Hand. Ist es reglos, so fragen Sie, welche Bewegung ›Ja‹ anzeigt. Sie werden feststellen, dass sich Ihr Pendel zu bewegen beginnen wird. Vielleicht bewegt es sich rückwärts und vorwärts, oder auch von einer Seite auf die andere. Möglicherweise dreht es sich im Kreise, entweder im Uhrzeigersinn oder gegen den Uhrzeigersinn. Haben Sie nie zuvor ein Pendel benutzt, so mag es ein bis zwei Minuten dauern, bevor es sich bewegt. Bleiben Sie geduldig, und es wird Ihnen antworten.

Haben Sie eine Bewegung für ›Ja‹ angezeigt bekommen, so stoppen Sie das Pendel und fragen nach dem Signal für ›Nein‹. Manchmal kann es auch vorkommen, dass Sie wissen wollen, was ›Ich weiß nicht‹ und ›Ich will hierauf keine Antwort geben‹ bedeutet, doch dies ist nicht notwendig, wenn Sie das Pendeln in Bezug auf das Thema ›Seelenpartner‹ benutzen.

Erhalten Sie von Ihrem Pendel positive und negative Antworten, können Sie jede Frage stellen, die Ihnen einfällt. Vielleicht möchten Sie fragen: »Habe ich die Person ›Soundso‹ in irgendeinem meiner früheren Leben schon einmal getroffen?« Ist die Antwort positiv, so können Sie mit so vielen Fragen weitermachen, wie Sie möchten.

Einer meiner Freunde ließ sich vom Pendel faszinieren und hat damit viele seiner vergangenen Leben erforscht. Bis heute hat er 29 vergangene Leben auf diese Weise untersucht. Er war 19 Mal männlich und war in sieben früheren Leben mit der gleichen Frau verheiratet wie heute. Er war außerdem mit mehreren anderen Menschen verheiratet, mit einer von ihnen neunmal, mit einem anderen viermal. Folglich glaubt er, dass er mindestens drei romantische Seelenpartner hat, obgleich in jedem einzelnen Leben immer nur einer aufgetaucht ist. Er hat auch eine kleine Gruppe von Menschen um sich herum, die ihn normalerweise in jedem Leben begleiten. Sein Bruder in diesem Leben war beispielsweise immer da, seine Eltern sind in den meisten seiner Leben erschienen. Natürlich war die Art der Beziehung jedes Mal eine andere, doch er konnte mit Hilfe seines Pendels ihre Existenz nachweisen.

Er war sogar imstande, in jedem Leben sein Geschlecht, seine Geburts- und Todesdaten, das Land und sogar die Stadt, in der er wohnte, die Anzahl der Kinder, die er hatte, seine Beschäftigung und eine ganze Reihe anderer Dinge zu bestimmen. Er weiß, dass er im Durchschnitt in jedem Leben 42 Jahre alt geworden ist. In einem Leben starb er im Alter von 18 Monaten, in einem anderen wurde er jedoch 93 Jahre alt. Er starb siebenmal bei einem Unfall, zwölfmal an einer Krankheit, dreimal im Krieg und wurde einmal ermordet.

Um Ihr Geburts- und Todesdatum zu bestimmen, müssen Sie eine Reihe von Fragen stellen. Beginnen Sie, indem Sie fragen, ob Sie vor Ihrem gegenwärtigen Leben bereits ein Leben im 20. Jahrhundert gelebt hatten. Lautet die Antwort ›Ja‹, können Sie dazu übergehen, das richtige Datum zu finden. Ist die Antwort negativ, so fragen Sie, ob Sie ein Leben im 19., 18. Jahrhundert usw. erlebt haben, bis Sie eine positive Antwort erhalten.

Angenommen, das Pendel sagt, Sie hatten ein Leben im 19. Jahrhundert. Jetzt fragen Sie: »Wurde ich zwischen 1850 und 1899 geboren?«

Angenommen, die Antwort ist wieder positiv. Fragen Sie: »Wurde ich zwischen 1860 und 1899 geboren?«

Sie machen auf diese Weise weiter, bis Sie eine negative Antwort erhalten. Angenommen, Sie erhielten eine negative Antwort auf die Frage, ob Sie zwischen 1870 und 1899 geboren wurden. Dies bedeutet, dass Sie zwischen 1860 und 1869 geboren wurden. Nun fragen Sie einfach, ob Sie 1860, 1861, 1862 usw. geboren wurden, bis das Pendel ›Ja‹ sagt.

Die Bestimmung Ihres Geburtslandes erfolgt in ähnlicher Weise. Möglicherweise fragen Sie, ob Sie in Amerika geboren wurden. Lautet die Antwort ›Ja‹, so fragen Sie, ob es Nord- oder Südamerika war. Fragen Sie dann einzelne Länder ab, bis Sie eine positive Antwort erhalten.

Sagte das Pendel, dass Sie nicht in Amerika geboren wurden, so fragen Sie, ob Sie in Europa, Afrika, Asien oder Australien geboren wurden. Wieder müssen Sie, wenn Sie grob das Gebiet bestimmt haben, nach einzelnen Ländern fragen. Mein Freund hatte ein Leben auf den Seychellen und raufte sich förmlich die Haare, bis er schließlich nach diesem besonderen Ort fragte. Seine früheren Leben mit dem Pendel zu bestimmen, ist ein langsamer, langwieriger Prozess.

Haben Sie erst einmal das Land gefunden, so können Sie auch den genauen Ort festlegen. Handelt es sich um ein großes Land, können Sie damit beginnen zu fragen, ob Sie im nördlichen oder südlichen Teil gelebt haben. Es kann hilfreich sein, einen Blick auf alte Karten aus der damaligen Zeit zu werfen, um den genauen Ort herauszufinden. Sie können beispielsweise Zeit verschwenden, wenn Sie fragen, ob Sie in Städten geboren wurden, die zur Zeit Ihrer Inkarnation noch gar nicht existierten.

Mein Freund pendelt Landkarten aus, um den exakten Ort zu bestimmen. Dies macht man mit einem Stift und dem Pendel. Man hält das Pendel über eine Seite der Landkarte, während man den Stift langsam über die Karte bewegt. Zeigt der Stift das Gebiet an, in dem mein Freund geboren wurde, so schlägt das Pendel mit ›Ja‹ aus.[3]

Im Falle meines Freundes war die Bestimmung seiner Beschäftigung ein Leichtes. Er arbeitete immer gern draußen. In den meisten seiner früheren Leben war er entweder Bauer oder in irgendeiner Weise Erbauer. Sein Pendel verriet ihm, dass er ein Leben damit verbracht hat, am Bau der Kathedrale von Salisbury mitzuwirken. Aufgrund dieser Information besuchte er Großbritannien, um die Kathedrale zu besuchen. Als er dort angekommen war, erinnerte er sich an sein früheres Leben und konnte genau die Stellen bestimmen, an welchen er gearbeitet hatte. In drei Leben war er ein Mönch oder Priester gewesen. Dies überraschte ihn, da er sich überhaupt nicht für religiös hält. Doch ich war keineswegs überrascht darüber, da er großes Interesse an östlichen Religionen und an der Suche nach dem Sinn des Lebens hat.

Ihnen mag es nicht so leicht fallen wie ihm, Ihre früheren Tätigkeiten herauszufinden. Beginnen Sie damit, nach Beschäftigungen zu fragen, die sich auf Ihre Interessen in Ihrem gegenwärtigen Leben beziehen, bevor Sie nach anderen Berufsfeldern fragen. Es ist beispielsweise möglich, jedoch höchst unwahrscheinlich, dass Sie ein Buchdrucker waren, wenn Sie sich an ein Leben im 16. Jahrhundert erinnern.

Mein Freund hat eine Unmenge an Informationen über sein Pendel erhalten, doch leider kann es nicht die farbenfrohen Erfahrungen und Erlebnisse bieten, die während einer Rückführung zutage treten. Folglich setzt mein Freund eine Kombination beider Methoden ein. Er bestimmt beispielsweise, dass er 1512 in Antwerpen geboren wurde. Er war Bankier, zweimal verheiratet und hatte 12 Kinder. Mit dieser Information versetzt er sich dann in eben jenes Leben zurück, um es genauer zu erforschen.

Ich verwende das Pendel anders. Ich setze es ein, um Details zu klären, die während der Rückführung nicht an die Oberfläche kamen. Beispielsweise würde ich nach dem Geschlecht meiner Kinder fragen. Mein Freund hat unzählige Stunden mit seinem Pendel verbracht, indem er Fragen zu seinen früheren Leben stellte. Ich erlebe sie lieber direkt und setze das Pendel nur dann ein, wenn es erforderlich ist, tiefere Erkenntnisse zu erlangen.

Musik

Ich kenne mehrere Menschen, die Barockmusik einsetzen, um sich in ihre vergangenen Leben zurückzuversetzen. Musik von Komponisten wie Albinoni, Bach, Corelli, Händel, Haydn, Telemann und Vivaldi sind hierfür ideal. Frau Belanger, eine französischen Forscherin, ist der zudem Meinung: »Die Musik von Mozart koordiniert die Atmung, den Rhythmus des Herz-Kreislaufsystems und der Gehirnwellen miteinander und hat positive Auswirkungen auf die Gesundheit. Sie wirkt auf das Unterbewusstsein, indem sie die Aufnahmefähigkeit und die Wahrnehmung stimuliert.«[4]

Es ist wenig überraschend, dass Menschen, die diese Art von Musik anhören, unfreiwillig in einen veränderten Bewusstseinszustand geraten können. Aufgrund dieser Tatsache setzen viele Menschen diese Art von Musik ein, um Astralreisen zu ermöglichen, schneller zu lernen, um sich an mehr zu erinnern und ihre früheren Leben zu erforschen.

Am besten tut man dies in einem angenehm temperierten Raum. Sie sollten bequeme Kleidung tragen und sich in einem Liegestuhl entspannen. Schließen Sie die Augen, und lauschen Sie der Musik. Beim Zuhören werden Sie feststellen, dass Ihr Geist umherwandert. Sobald Sie sich dessen bewusst werden, sagen Sie sich selbst, dass Sie in eines Ihrer früheren Leben zurückkehren möchten. Sie können ein bestimmtes Leben vorgeben, wenn Sie möchten. Wenn Sie sich selbst gegenüber den Wunsch äußern, dass Sie in ein früheres Leben zurückkehren möchten, werden Sie sich wahrscheinlich wieder neu auf die Musik konzentrieren.

Ist dies mehrmals vorgekommen, so werden Sie feststellen, dass Sie sich einmal, anstelle zur Musik zurückzukehren, in einem Ihrer früheren Leben wiederfinden. Erforschen Sie dieses Leben, solange Sie möchten, indem Sie die gleichen Techniken wie bei der Rückführung unter Hypnose verwenden. Wenn Sie fertig sind, kehren Sie einfach wieder in die Gegenwart zurück. Spielt die Musik noch, lauschen Sie ihr einfach noch einige Minuten lang, bevor Sie wieder die Augen öffnen.

Dies klingt nach einer einfachen Methode, um in Ihre früheren Leben zurückzukehren, und für manche Menschen ist es dies auch. Ich persönlich finde es sehr schwer, da ich klassische Musik liebe und mich fast immer auf die Musik konzentriere und dabei ganz das frühere Leben vergesse, das ich eigentlich erforschen möchte.

Doch ich kenne einige Menschen, die keine andere Methode einsetzen, da dies bei ihnen so gut funktioniert.

Meditation

Meditation ist ähnlich wie die Hypnose. Der Hauptunterschied besteht darin, dass Ihr physischer Körper, wenn Sie hypnotisiert werden, entspannt ist, Sie jedoch geistig völlig wach sind und sich auf ein bestimmtes Ziel konzentrieren. Dieses kann beispielsweise darin bestehen, Ihr Gewicht zu reduzieren oder sich das Rauchen abzugewöhnen. Es kann darin bestehen, in ein früheres Leben zurückzukehren. In der Meditation sind Sie ebenfalls körperlich entspannt, doch Ihre geistigen Energien zerstreuen sich.

Manche Menschen merken, dass sie beim Meditieren in ein vergangenes Leben wandern können. Dies passiert ganz spontan. Möchte jemand bewusst in ein früheres Leben zurückkehren, wird die Meditation zu einer Selbsthypnosetechnik. Als Rudolf Steiner gefragt wurde, warum sich die Menschen normalerweise nicht an ihre früheren Leben erinnern, antwortete er: »Das Tor zum Weg wird durch die richtige Meditation geöffnet.«[5]

Spiegel

Ich habe bereits erwähnt, dass einige Menschen ihren Seelenpartner gesehen haben, als sie in einen Spiegel blickten. Das erfolgt normalerweise unfreiwillig. Die Spiegeltechnik, die hier erklärt wird, ist eine Methode, die ich lehre, um es den Menschen zu erleichtern, Kontakt zu ihren Geistführern herzustellen.[6] Sie ist jedoch auch eine hervorragende Möglichkeit, sich an vergangene Leben zu erinnern.

Sie brauchen dazu einen qualitativ hochwertigen Spiegel und eine weiße Kerze. Der Spiegel sollte eine vernünftige Größe haben. Der

Spiegel, den ich benutze, ist 60 cm hoch und 30 cm breit. Hängen Sie den Spiegel so an die Wand, dass Sie direkt in seine Mitte schauen können, wenn Sie sich davor setzen. Kleben Sie einen kleinen selbstklebenden Punkt direkt über der Mitte auf den Spiegel. Folglich sollten Sie, wenn Sie vor dem Spiegel auf Ihrem Stuhl sitzen, den Blick leicht nach oben gerichtet haben, um den Aufkleber zu sehen.

Zünden Sie die Kerze an, und stellen Sie diese links vor den Spiegel. Wenn Sie sitzen, sollten Sie sowohl die Kerze als auch deren Spiegelbild sehen können.

Schalten Sie die anderen Lichter im Raum aus, und setzen Sie sich vor Ihrem Spiegel auf den Stuhl. Entspannen Sie sich, soweit Sie können, und starren Sie auf den runden Aufkleber am Spiegel. Bald werden Ihre Augen müde werden. Haben Sie dieses Stadium erreicht, starren Sie weiter auf den Punkt. Beginnen Sie dabei jedoch, an Ihren Wunsch zu denken, eines Ihrer früheren Leben erforschen zu wollen. Benennen Sie, wenn Sie auf der Suche nach Ihrem Seelenpartner sind, ein bestimmtes Leben, das Sie beide gemeinsam verbracht haben.

Sie werden ganz plötzlich merken, dass Szenen aus jenem früheren Leben im Spiegelbild wieder zum Leben erweckt werden. Konzentrieren Sie sich weiter auf den aufgeklebten Punkt. Das ist keine leichte Aufgabe. Man neigt dazu, die Szenen beobachten zu wollen, die sich abspielen. Sobald Sie dies tun, verblassen die Bilder, und der Spiegel wird wieder zum gewöhnlichen Spiegel.

Machen Sie sich keine Gedanken darüber, wenn dies geschieht. Jeder erlebt dies, selbst Menschen, die den Spiegel regelmäßig hierfür benutzen. Passiert das, so wiederholen Sie die Übung nicht sofort wieder. Sie werden mit ziemlicher Sicherheit die gleichen Probleme nochmals erleben. Viel besser ist es, diese Übung am nächsten Tag etwa um die gleiche Uhrzeit zu wiederholen.

Es ist wichtig, dass Sie mit diesem Spiegel sorgsam umgehen. Halten Sie ihn sauber und staubfrei, und benutzen Sie ihn nicht für Allerweltszwecke, wie etwa, um Ihr Haar zu bürsten.

Spiegel werden seit Jahrtausenden als spezielle, magische Gegenstände benutzt. Sie können sie einsetzen, um hellseherische Fähigkeiten zu üben, mit Ihren Geistführern in Kontakt zu treten und eine Reihe von Ritualen zu verschiedenen Zwecken durchzuführen. Es überrascht wenig, dass der magische Spruch »Spieglein, Spieglein an der Wand« im Märchen von Schneewittchen eine so wichtige Rolle spielt.

Astrologie

Es ist möglich, die Astrologie einzusetzen, um Beziehungen in vergangenen Leben zu untersuchen, die Sie mit Ihrem Partner hatten, indem Sie die beiden Geburtshoroskope erstellen und betrachten. Ein Geburtshoroskop ist eine Karte des Planetenstandes zum Zeitpunkt Ihrer Geburt. Besteht bei beiden Horoskopen eine Verbindung zwischen Mond, Neptun, der Spitze des vierten Hauses, dem südlichem Mondknoten, dem Zenit oder dem Karmapunkt, so liegt ein karmischer Faktor vor, der auf ein früheres gemeinsames Leben hindeutet.

Es ist schon zu vielen berühmten Beziehungen gekommen, wenn der karmische Punkt der Frau mit der Sonne des Mannes in Konjunktion stand. Beispiele hierfür sind Elizabeth Barrett Browning und Robert Browning, Jackie Kennedy und John F. Kennedy, die Herzogin und der Herzog von Windsor, und Nell Gwyn und Charles II.[7]

Offensichtlich sollte man die Horoskope der beiden Betroffenen von einem guten Astrologen erstellen und interpretieren lassen. Diese Methode gibt keinerlei Hinweis auf die Art der früheren Leben, die diese beiden gemeinsam hatten. Es ist jedoch eine weitere Methode, um die Gültigkeit und die Existenz eines Lebens in der Vergangenheit zu bestätigen.

149

Hellseher, Medien und Channels

Es gibt eine Reihe von begabten Menschen, die Ihnen eine Sitzung anbieten und in deren Verlauf Einzelheiten über Ihre früheren Leben liefern können. Doch Sie müssen diese Person sorgfältig auswählen. Ich würde niemals ohne persönliche Empfehlung zu einem Hellseher gehen. Der Grund dafür ist, dass ich im Laufe der Jahre mehr als genug an schlechten Auskünften bekommen habe.

Natürlich sind alle Hellseher auch nur Menschen und haben ihre guten und schlechten Tage, wie jeder andere auch. Ein Hellseher mag Ihrem Freund eine herrliche Sitzung voller wertvoller Einsichten und hilfreicher Anregungen bieten. Eben dieser Hellseher ist womöglich jedoch nicht imstande, Ihnen in der Sitzung die gleiche Qualität zu bieten. Dies mag ganz einfach daran liegen, dass die Chemie zwischen Ihnen nicht stimmt und der Hellseher Schwierigkeiten damit hat, irgendwelche nützlichen Informationen zu finden. Möglicherweise hat der Hellseher gerade selbst Probleme im Leben und ist nicht so empfänglich wie sonst. Vielleicht ist der Hellseher ausgebrannt, weil er zu viele Sitzungen gegeben hat, und braucht dringend Urlaub. Es kann viele Gründe dafür geben, weshalb ein Hellseher Schwierigkeiten haben mag.

Gechannelte Informationen lassen sich auch schwer bemessen. Sie sind durch die Qualität der Entität auf der anderen Seite beschränkt. Auch hier sollten Sie vorsichtig sein.

Glücklicherweise können Sie alle Informationen, die Sie erhalten, überprüfen, indem Sie sich in die betreffende Zeit zurückversetzen und schauen, was Sie dort vorfinden. Es kann hilfreich sein, die Erkenntnisse einer Person hinzuzuziehen, die nicht persönlich an eben dieser Inkarnation beteiligt war, da Sie dadurch auf Faktoren hingewiesen werden können, die Sie ansonsten übersehen hätten.

Es gibt einige wenige Reinkarnationsspezialisten, die für Sie die Akasha-Chronik einsehen können. Auch hier gilt: Seien Sie vorsichtig, und holen Sie eine persönliche Empfehlung ein, bevor Sie einen Termin ausmachen.

Automatisiertes Schreiben

Mit 17 Jahren begegnete mir ein Mann, der einen Roman per automatisiertem Schreiben verfasste. Er setzte sich einfach mit Papier und Stift an den Schreibtisch, entspannte sich, und die Worte flossen einfach ohne bewusstes Zutun seinerseits. Der Stift glitt in faszinierender Geschwindigkeit dahin und schrieb die Worte nieder. Ich war verblüfft, dass er mit seiner linken Hand so geschickt schrieb, obwohl er Rechtshänder war. Normalerweise fiel es ihm schwer, überhaupt etwas mit seiner linken Hand zu schreiben.

Eine ganze Reihe von Buchveröffentlichungen wurden ausschließlich durch automatisiertes Schreiben verfasst. Beispiele hierfür sind: »Raymond« oder »Life and Death« (»Leben und Tod«) von Sir Oliver Lodge und »Private Dowsing« (»Privates Pendeln«) von W. T. Poole.

Automatisiertes Schreiben kann die Türen in vergangene Leben auftun, doch man muss Geduld haben. Die meisten Menschen brauchen so ihre Zeit, bis sie Experten sind. Sind sie jedoch erst einmal dazu imstande, so können die Worte unglaublich schnell fließen. Reverend George Vale Owen (1869-1931) empfing Worte mit einer Durchschnittsgeschwindigkeit von 24 Stück pro Minute, und dies vier Nächte die Woche, über Monate am Stück.[8]

Es ist wichtig, dass Sie entspannt sind und sich wohl fühlen, wenn Sie automatisches Schreiben praktizieren. Ihr Schreibarm sollte am Ellbogen um 90 Grad abgewinkelt sein. Der Stift sollte bequem auf einem Block Schreibpapier ruhen. Entspannen Sie sich einfach und schauen Sie, was passiert. Manche Menschen schließen dabei lieber die Augen. Ich tue dies manchmal zu Beginn, um jegliche Ablenkungen zu unterbinden.

Nach einer Weile wird der Stift beginnen, sich zu bewegen. Widerstehen Sie der Versuchung, beobachten zu wollen, was geschieht. Versuchen Sie, die Bewegungen so gut wie möglich zu ignorieren. Die meisten Menschen beginnen, Kreise und andere Formen zu zeichnen. Manchen gelingt es, automatisch zu schreiben, während sie fernsehen oder in ein Gespräch vertieft sind. Einige wenige begnadete Menschen beginnen gleich damit, Worte und Sätze zu schreiben. Manche Menschen schreiben sogar in Spiegelschrift. Es ist ganz gleich, was sich tut, solange überhaupt irgendetwas darauf hindeutet, dass es losgeht.

Haben Sie sich erst einmal daran gewöhnt, so fließen die Worte schnell und mühelos. Sie werden überrascht sein, was Sie produzieren. Sie werden vielleicht sogar erleben, dass Sie schöne Lyrik transkribieren. Möglicherweise werden Sie feststellen, dass Sie Lösungen für Probleme niedergeschrieben haben, die Sie bislang gequält haben. Vielleicht schreiben Sie sogar einen Roman.

Zu unseren Zwecken entspannen Sie sich einfach, sobald Sie mit Notizblock und Stift dasitzen, und denken an Ihren Seelenpartner. Mag sein, dass Sie auf der Suche nach Ihrem Seelenpartner sind. Ist dies der Fall, so denken Sie daran. Haben Sie Ihren Seelenpartner bereits gefunden, suchen jedoch Informationen über gemeinsame frühere Leben, so konzentrieren Sie sich hierauf. Sie mögen vielleicht feststellen, dass es mehrerer Sitzungen bedarf, bevor irgendwelche wertvollen Informationen durchgegeben werden. Mir fällt es schwer, kein Interesse an dem zu zeigen, was ich schreibe, wenn ich an das Thema ›Seelenpartner‹ denke. Sobald ich das tue, hört der Datenfluss abrupt auf. Es ist wichtig, geduldig zu sein und die Informationen einfach kommen zu lassen, wenn sie bereitstehen.

Es ist besser, regelmäßig kurze Übungssequenzen einzulegen, als ab und zu eine lange Sitzung abzuhalten. Sie werden sich in guter Gesellschaft befinden, wenn Sie mit automatischem Schreiben experimentieren. Alfred, Lord Tennyson, William Butler Yeats und

Gertrude Stein sind nur einige Menschen, die das automatisierte Schreiben eingesetzt haben.[9]

Déjà-vu

Déjà-vu ist eine Erfahrung, bei der es Ihnen so vorkommt, als hätten Sie etwas bereits gesehen oder getan, obgleich Sie wissen, dass dies nicht der Fall ist. Dies ist ein geläufiges Phänomen, das so gut wie jedem schon irgendwann einmal passiert ist.

Es kann oft mit etwas in Verbindung gebracht werden, was Sie in einem früheren Leben getan haben.

In meinem Buch »Omens, Oghams and Oracles« (»Omen, Ogham und Orakel«) habe ich von einer Erfahrung berichtet, die ich im Alter von 20 Jahren machte, als ich der Abtei von Glastonbury erstmals einen Besuch abstattete.[10] Es war ein kühler Herbsttag, und nur wenige Menschen besuchten die Abtei. Plötzlich überkam mich ein Gefühl der Wärme, und die Abtei erschien mir wie neu erbaut. Alles war mit einem besonderen Strahlen erleuchtet. Ich spürte, dass ich dorthin gehörte und in vielerlei Hinsicht dort zu Hause war. Drei Monate später kehrte ich zu der Abtei zurück und hoffte, die gleichen Gefühle nochmals zu erleben. Zu meiner Freude und Verwunderung erlebte ich exakt die gleichen Gefühle wieder. Dies war ein Beispiel für ein Déjà-vu-Erlebnis, das mich unfreiwillig in eine teilweise Erinnerung an ein früheres Leben zurückholte. Ich habe an einer ganzen Reihe von Plätzen ähnliche Gefühle erlebt, doch keines war so lebendig wie bei jenem ersten Mal in der Abtei von Glastonbury.

Das nächste Mal, wenn Sie ein Déjà-vu-Erlebnis haben, halten Sie inne, und versuchen Sie, in den Moment einzudringen. Normalerweise sind wir einen oder zwei Sekunden lang verdutzt und vergessen dann alles wieder. Stattdessen sollten Sie innehalten und sehen, was passiert. Ein Déjà-vu-Erlebnis ist normalerweise ein hervorragendes Fenster in ein früheres Leben. Sie werden unter Umständen überrascht darüber sein, was alles vor Ihrem geistigen Auge auftaucht, wenn Sie dies tun. Leider ereignen sich Déjà-vu-Erlebnisse in einem unerwarteten Moment, und wir können sie nicht auf einen für uns passenden Zeitpunkt legen. Doch es mag sich lohnen, dass Sie an einen Ort zurückkehren, an dem Sie dieses Erlebnis früher schon einmal hatten, und schauen, ob es sich nochmals wiederholt, wie bei mir.

Langzeitgedächtnis

Dies ist eine interessante Technik, die äußerst aufschlussreich sein kann, auch wenn Sie keine Erinnerungen an frühere Leben auftun. Dazu müssen Sie sich bequem auf einen Stuhl setzen und die Augen schließen. Denken Sie an ein wichtiges Ereignis, das kürzlich passiert ist. Sobald Sie die Szene klar vor Augen haben, denken Sie ein bis zwei Sekunden lang darüber nach und erinnern sich dann an ein wichtiges Ereignis, das sich früher in Ihrem Leben ereignet hat.

Gehen Sie allmählich in Ihrem Leben rückwärts, bis Sie in Gedanken bei wichtigen Erlebnissen angekommen sind, die sich in Ihrer Kindheit ereignet haben. Der nächste Schritt besteht darin zu prüfen, ob Sie noch weiter zurückgehen und sich an eine wichtige Erfahrung aus einem früheren Leben erinnern können. Sind Sie fündig geworden, denken Sie darüber nach und gehen dann noch einen Schritt weiter zurück.

Eine andere Möglichkeit, dies zu tun, besteht darin, bewusst einige wichtige Ereignisse zu wählen, die Ihnen in diesem Leben widerfahren sind, bevor Sie mit der Übung beginnen. Setzen Sie sich mit geschlossenen Augen hin, denken Sie an diese Ereignisse und die Vorfälle, die zu diesen geführt haben. Schauen Sie, wie weit zurück Sie in Ihren Erlebnissen gehen können, die diese Ereignisse ausgelöst haben. Wiederum können Sie über einige von diesen in ein früheres Leben zurückgeführt werden.

Mir sind Menschen begegnet, welchen es gelungen ist, mit Hilfe ihres Langzeitgedächtnisses in mehrere frühere Leben zurückzugehen. Ich habe dies selbst mit unterschiedlichem Erfolg ausprobiert, jedoch immer festgestellt, dass diese Übung äußerst wertvoll ist, da ich während dieser Übung imstande war, verschiedene Ereignisse, die mir in diesem Leben widerfahren sind, neu zu beurteilen.

Ich habe diese zusätzlichen Methoden mit in dieses Buch der Vollständigkeit halber aufgenommen. Sicherlich haben Sie mittlerweile mitbekommen, dass ich persönlich eine Rückführung bevorzuge. Doch es lohnt sich, mit diesen Techniken herumzuexperimentieren. Vielleicht ziehen Sie diese ja einer Rückführung vor. Zumindest lässt sich damit das, was Sie in Ihren Rückführungen erfahren haben, nochmals bestätigen.

9

Berühmte und weniger berühmte Seelenpartner

*Der höchste Zustand der Liebe ist –
die Einheit einer Seele in zwei Körpern.*

Sri Aurobindo

In der Geschichte findet sich eine Fülle von Beispielen von berühmten Paaren, die Seelenpartner waren, obgleich sie sich dessen selbst vielleicht gar nicht so richtig bewusst waren. Antonius und Cleopatra, Heloise und Peter Abelard, der Herzog und die Herzogin von Windsor, Königin Victoria und Prinz Albert sowie Nell Gwyn und Charles II zählen zu den bekannteren Beispielen. Obgleich sich all diese Partnerschaften voneinander unterschieden, waren sie alle von einem unglaublich engen Band der Liebe gekennzeichnet, das sich weder durch die Zeit noch durch den Tod durchtrennen ließ. Antonius und Cleopatra starben in jungen Jahren. Heloise und Abelard waren viele Jahre lang getrennt. Der Herzog und die Herzogin von Windsor mussten enorme Schwierigkeiten überwinden, bevor sie heiraten konnten. Königin Victoria trauerte jahrzehntelang um ihren verstorbenen Prinz Albert.

Doch es gibt viele weitere Beispiele für weniger berühmte Seelenpartner, und ihre Geschichten liefern interessante Einblicke in die Natur von Seelenpartnerschaften.

Robert Browning und Elizabeth Barrett

Die Geschichte von Robert Browning (1812-1889) und Elizabeth Barrett (1806-1861) ist faszinierend. Sie begegneten sich zum ersten Mal, als er 33 und sie 39 Jahre alt war. Sie war bettlägerig, sah älter aus, als sie eigentlich war, und wurde von ihrem frommen Vater gepflegt, der jeden Abend ellenlange Gebete an ihrer Bettkante sprach und ihr untersagte, jemals zu heiraten. Zu dem Zeitpunkt, als sie sich begegneten, war Elizabeth am Rande der totalen Isolation, emotional von ihrem Vater abhängig und freute sich lediglich auf den Tod. Sie und Browning schrieben sich vier Monate lang Briefe, bevor er ihr einen Besuch abstatten konnte, da sie so große Bedenken hatte, welche Auswirkungen ihr Erscheinungsbild auf ihn haben würde. Am Tag, nachdem sie sich endlich begegnet waren, schrieb er ihr, er hoffe, er sei ihr nicht in irgendeiner Weise zu nahe gekommen oder sei gar zu lange geblieben. Am nächsten Tag schrieb er wieder und verkündete ihr seine Liebe.

Die Beziehung entwickelte sich allmählich. Elizabeth hielt sich seiner Aufmerksamkeit und Liebe für völlig unwürdig. Der tägliche Briefwechsel wurde ursprünglich unterzeichnet mit »In treuer Verbundenheit, Robert Browning« und »Elizabeth B. Barrett«. Allmählich wurde die Beziehung jedoch immer inniger. Im August nannte Robert Browning sie »Meine persönliche, liebste Liebe«. Gegen Ende des Monats erzählte sie ihm die traurige Geschichte vom Tod ihres Bruders, der ertrunken war. In seiner Antwort schrieb Browning: »Lass' es mich nun sagen – dieses eine Mal – dass ich dich aus tiefster Seele liebe und dir mein Leben schenke.«[1]

Der Widerstand von Elizabeths Vater zwang sie auszureißen. Nach ihrer Heirat brach Elizabeths Vater den Kontakt zu ihr ab. Sie ließen sich in Florenz nieder, wo sie sich beide sehr ihrer Schriftstellerei und der Gemeindearbeit vor Ort verschrieben, 1849 wurde ihr Sohn Robert Barrett Browning, der Bildhauer, geboren. Ein Jahr später wurde Elizabeths berühmtestes Werk »Sonnets from the Portuguese« (»Sonette der Portugiesin«) veröffentlicht. Diese Sammlung von 44 Sonetten bringt ihre Liebe und Zuneigung zu Robert in schillernden Farben zum Ausdruck. Sie schrieb sie während der beiden Jahre, in welchen er um sie freite, legte sie ihm jedoch erst drei Jahre nach ihrer Heirat vor. »Kleine Portugiesin« war Roberts Kosename für sie. Vor ihrer Hochzeit hatte Elizabeth ein Gedicht mit dem Titel »Catarina an Camoens« geschrieben, das die Gefühle eines Mädchen namens Catarina, das im Sterben lag, für ihren abwesenden Geliebten Camoens, einen portugiesischen Dichter, beschreibt. Robert assoziierte mit Catarina stets Elizabeth, und so kam sie zu ihrem Kosenamen. In »Sonette der Portugiesin« findet sich ihr berühmtestes Gedicht:

> *»Wie ich dich liebe? Lass' mich zählen wie.*
> *Ich liebe dich so tief, so hoch, so weit*
> *als meine Seele blindlings reicht, wenn sie*
> *ihr Dasein abfühlt und die Ewigkeit.*
>
> *Ich liebe dich bis zu dem stillsten Stand*
> *den jeder Tag erreicht im Lampenschein*
> *oder in Sonn. Frei im Recht und rein,*
> *wie jene, die vom Ruhm sich abgewandt.*
>
> *Mit aller Leidenschaft der Leidenszeit*
> *und mit der Kindheit Kraft, die fort war seit*
> *ich meine Heilgen nicht mehr geliebt.*
>
> *Mit allem Lächeln, aller Tränennot*
> *und allem Atem. Und wenn Gott es gibt,*
> *will ich dich besser lieben nach dem Tod.«*

Elizabeth verstarb 1861, und Robert kehrte nach London zurück, wo er seine Karriere als Dichter und Dramatiker fortsetzte. Die letzten

Jahre seines Lebens verbrachte er in Venedig, wo er schließlich 1889 starb. Er liegt in Westminster Abbey begraben.

Robert Browning verstand nie das Interesse, das seine Frau an Spiritualität hatte, war aber offensichtlich selbst vom Gedanken der Reinkarnation fasziniert. In »One Word More« (»Ein Wort noch«) schrieb er:

> *»Ich werde niemals mehr in den Jahren, die mir noch bleiben,*
> *Bilder für dich malen oder Statuen schnitzen.*
> *Diese Strophe allein schenkt mir ein Leben;*
> *andere Höhen in anderen Leben, wenn Gott so will.«*

In »Old Pictures in Florence« (»Alte Bilder in Florenz«) spinnt er diesen Gedanken sogar noch weiter:

> *»Es gibt eine wilde Vorstellung, der die einen anhängen,*
> *während andere sie hassen –*
> *die lautet: wenn dieses Leben endet, beginnt*
> *neue Arbeit für die Seele in einem anderen Zustand,*
> *wo sie sich abmüht und müde wird,*
> *verliert und gewinnt:*
> *wo die Starken und die Schwachen*
> *– die Masse dieser Welt –*
> *im Großen wiederholen, was sie im Kleinen praktizierten,*
> *Leben nach Leben in unbegrenzter Folge;*
> *nur die Größenordnung hat sich geändert, das ist alles ...«*

Die letzten drei Verse aus »Prospice« (was so viel bedeutet wie »Vorausschau«), einem Gedicht, das er kurz nach Elizabeths Tod verfasste, sind besonders viel sagend:

»Da, ein Licht, dann deine Brust,
oh du Seele meiner Seele, ich werde dich wieder fassen
und mit Gott den Rest verbringen!«

Die Liebesaffäre zwischen Robert und Elizabeth hat die Qualität der Gedichte, die sie schufen, manchmal fast schon überschattet. Nach Roberts Tod wurden zwei Bände mit ihren Briefen, die sie sich gegenseitig geschrieben hatten, veröffentlicht. Diese sind ein Beweis für die tiefe Liebe, die sie füreinander hegten.[2] Das berühmte Stück »The Barretts of Wimpole Street« (»Die Barretts aus der Wimpole Street«) von Rudolf Besier ist nur eines von zahlreichen Werken, die über ihre Beziehung geschrieben wurden.

Das Band der Liebe, das augenblicklich zwischen Robert und Elizabeth entstand, war ein Hinweis darauf, dass sie Seelenpartner waren, und unterstreicht auch das alte Sprichwort »Liebe macht blind«. Weshalb sonst hätte Robert, ein gut aussehender, 31-jähriger Mann mit einem großen Bekanntenkreis attraktiver Freundinnen, sich Hals über Kopf in eine bettlägerige Invalidin verliebt, die mehrere Jahre älter war als er, und deren Gesicht vom Schmerz und Leid zerfurcht war? Elizabeth schob ihre erste Begegnung aus Sorge über ihr Aussehen hinaus. Doch Robert verliebte sich - nicht in die beklagenswerte Person, der er begegnete, sondern weil er in seinem Unterbewusstsein die starken Bande erkannte, die sie seit vielen früheren Inkarnationen miteinander verbanden.

Die Horoskope von Robert Browning und Elizabeth Barrett liefern auch deutliche Hinweise darauf, dass sie Seelenpartner gewesen sind. Sie enthielten bedeutsame Aspekte, die auf Liebe und Freundschaft hindeuteten, jedoch auch viele unauffälligere Anzeichen, u.a. Elizabeth Barretts Karmapunkt, der mit Robert Brownings Sonne in Konjunktion stand. Die Konjunktion zwischen dem Karmapunkt der Frau und der Sonne ihres Partners zeigt sich auch in den Horoskopen von Jackie Kennedy und John F. Kennedy sowie beim Herzog und der Herzogin von Windsor.[3]

C. S. Lewis und Joy Davidman

C. S. (Clive Staples) Lewis (1898-1963), der gefeierte Autor von mehr als 40 religiösen Büchern, wie etwa »Screwtape Letters« (»Screwtapes Briefe«), und der entzückenden Kinderbuchserie »Chronicles of Narnia« (»Die Chroniken von Narnia«), scheint auf den ersten Blick kein geeigneter Kandidat für einen Seelenpartner zu sein. 1953 war er Professor für Englisch im Mittelalter und in der Renaissance an der Universität Cambridge, als er den Greshams begegnete, einem amerikanischen Ehepaar mit zwei kleinen Söhnen. Zu jener Zeit führte C. S. Lewis ein wohl geordnetes, spartanisches, keusches Leben und glaubte nicht so richtig daran, dass so etwas wie die Liebe existierte.

Kurz nach dieser Begegnung ließen sich die Greshams scheiden, und Mrs. Gresham, die sich nun Joy Davidman nannte, wurde Lewis' Sekretärin. Sie heirateten 1956, doch dies war nur eine Vernunftehe, um es ihr zu ermöglichen, weiterhin in England zu leben. Wenig später bekam Joy eine tödliche Krankheit. Dies veränderte das Wesen ihrer Beziehung, und sie heirateten nochmals unter dem Segen der anglikanischen Kirche. Wie durch ein Wunder ging Joys Erkrankung in die Remission. Das Paar verlebte zwei wundervolle gemeinsame Jahre, bevor ihre Krankheit zurückkehrte und sie 1960 verstarb. Lewis schrieb in »A Grief Observed« (»Anzeichen für einen Kummer«) 1961 einen beißenden Bericht über seine Verzweiflung. Ihre Liebesgeschichte wurde später in einem Stück namens »Shadowlands« (»Schattenreiche«) verewigt.

Inmitten seines Kummers beschrieb Lewis, was Joy für ihn bedeutet hatte: »Sie war meine Tochter und meine Mutter, meine Schülerin und meine Lehrerin, meine Untertanin und meine Meisterin - und immer, bei alledem, meine treue Kameradin, Freundin, Schiffskameradin, Soldatenkameradin.«[4] Ein Hinweis darauf, dass sie Seelenpartner waren, folgt wenige Sätze später, als er schrieb: »Hätten wir uns nie ineinander verliebt, so wären wir dennoch immer beisammen gewesen.«

162

Offensichtlich ist es unmöglich herauszuarbeiten, welche karmischen Faktoren bei dieser Beziehung mit im Spiel waren. C. S. Lewis war allem Anschein nach ein mitfühlender, fürsorglicher Mensch. Nach dem ersten Weltkrieg war er mit Mrs. J. K. Moore intim geworden, der Mutter eines Freundes, der dem Krieg zum Opfer gefallen war. Er begann, mit ihr und ihrer Tochter zusammenzuleben, während er noch Student in Oxford war. Mit der Zeit wurde Mrs. Moore immer fordernder und besitzergreifender, doch Lewis kümmerte sich weiterhin um sie, bis sie 1951 verstarb. Trotz dieser mächtigen Lektion, die er hiermit zu lernen hatte, war C. S. Lewis immer noch bereit, seine Sekretärin zu heiraten, um es ihr zu ermöglichen, in Großbritannien zu bleiben. Ihre wahre Liebe erblühte erst, als ihr die tödliche Krankheit diagnostiziert wurde. Welch unglaubliche Tragik für ihn, dass er seine Seelenpartnerin nach nur wenigen Jahren des Glücks verlieren musste.

Katherine Mansfield und John Middleton Murry

Katherine Mansfield (1888-1923) und John Middleton Murry (1889-1957) waren ebenfalls nur für einige Jahre als Seelenpartner zusammen. Katherine Mansfield wurde in Wellington in Neuseeland geboren und wuchs dort sowie in England auf. In ihren Jugendjahren hatte sie einige tragische Liebesgeschichten sowohl mit Männern als auch mit Frauen. Sie heiratete 1909, verließ ihren Ehemann jedoch noch am Hochzeitstag.

Zwei Jahre später lernte sie John Middleton Murry kennen, der zu jener Zeit Magazine herausgab, für die sie schrieb. 1912 zogen sie zusammen, doch es war eine freie, offene Beziehung, da keiner von ihnen an die Treue glaubte. 1918 bekam sie von ihrem ersten Ehemann die Einwilligung zur Scheidung und heiratete Murry. Während der nächsten Jahre wuchs ihr Ansehen als Kurzgeschichtenautorin, doch ihre stets angeschlagene Gesundheit wurde durch TBC zusätzlich geschwächt. Sie reiste durch Europa, um im warmen Klima zu sein. 1923 verstarb sie.

Murry heiratete 1924 erneut. Seine zweite Frau Violet le Maistre schenkte ihm einen Sohn und eine Tochter. Wie Katherine Mansfield verstarb auch sie 1931 an Tuberkulose. John Middleton Murrys Sohn Colin betrachtete die zweite Ehefrau seines Vaters als »Illusion«, da Murry sie als Reinkarnation Katherines betrachtete.[5] Murry heiratete noch zweimal. Seine dritte Ehe war unglücklich, doch seine letzte Ehe (1954) war erfolgreich. Das Paar hatte bereits seit 1941 zusammengelebt, konnte aber erst nach dem Tod seiner dritten Frau heiraten.

Es scheint, dass sowohl Katherine Mansfield als auch John Middleton Murry verzweifelt nach einem Seelenpartner gesucht hatten, sich für eine kurze, tragische Zeit gefunden hatten, in der sie all die Lektionen bekamen, die sie in dieser Inkarnation zu lernen hatten, und dann weiterzogen. Rückblickend betrachtet mag es scheinen, als hätte Katherine die leichtere Zeit von ihnen gehabt, da sie imstande war, schneller zu lernen und sich schneller weiterzuentwickeln, während Murry offensichtlich in Bezug auf Beziehungen mehr Lektionen zu lernen hatte. Doch dies ist vielleicht eine allzu einfache Betrachtungsweise ihres Lebens. Nur sie selbst können letztendlich wissen, welche Lektionen sie zu lernen hatten.

Dorothy Osborne und Sir William Temple

Die Jahre des Freiens von Sir William Temple um Dorothy Osborne wären heute nicht bekannt, wenn es nicht die bemerkenswerte Reihe an Briefen gegeben hätte, die ihm Dorothy in den Jahren zwischen 1652 und 1654 geschrieben hatte. Diese Briefe blieben bis 1891 im Besitz der Familie Temple, als die meisten von ihnen an das Britische Museum verkauft wurden. Die Briefe wurden erstmals 1888 herausgegeben. Eine erweiterte Ausgabe wurde 1903 veröffentlicht. Im

Jahr 1928 brachte Oxford University Press schließlich die Endfassung heraus.

Dorothy und William begegneten sich 1648 auf der Isle of Wight. Sie war 21, er 20 Jahre alt. Er war unterwegs nach Paris, zog jedoch mit Dorothy nach Guernsey, wo ihr Vater Vizegouverneur war. Als sein Vater dies vernahm, rief er William nach Paris, wo dieser das nächste Jahr verbrachte. Das Liebespaar traf sich in London wieder, doch erneut schritt Williams Vater ein. Er war der Meinung, William verbringe zu viel Zeit mit Dorothy und nehme sich nicht genug Zeit, seine eigene Karriere aufzubauen. Folglich wurde er für ein weiteres Jahr nach Europa zurückgeschickt.

Während seiner Abwesenheit versuchte Dorothys Familie, für sie einen geeigneten Ehemann zu finden. Sie sollte einen Mann mit besseren Aussichten und mehr Geld heiraten, als William versprach. Williams Vater dachte genau das Gleiche. Er wollte, dass sein Sohn eine reichere Frau als Dorothy heiratete. Trotz der Spannungen und Ungewissheit, die dadurch entstanden, zeigen Dorothys Briefe, wie sie mit der Situation ganz praktisch verfuhr:

> *»Ich kann nicht versprechen, dass ich dir gehören werde, da ich weder weiß, wie weit die Hand meines Missgeschicks reichen wird, noch, welche Strafen für mein Vergehen auf mich warten, doch ich wage es dir fast zu versprechen, dass du niemals das zweifelhafte Vergnügen haben wirst, dass ich die eines anderen sein werde.«*[6]

Es schien, als würden die beiden niemals heiraten können, und Dorothy schrieb William, dass sie ihm anbiete, ihn ziehen zu lassen. Sie war tiefreligiös und wollte nicht, dass seine Leidenschaft ihn zerstörte:

> *»Die hoffnungslosen Dinge, die du in deinem Briefe erwähnst, lassen mich förmlich erbeben – bei der Liebe Gottes: Überlege dir ernsthaft, was mit der Sicherheit deiner*

Seele aufzuwiegen ist. Sind tausend Frauen oder zehntausend Weltreiche es wert? Nein, du kannst deines Verstandes und deiner Religiosität nicht schon so weit beraubt sein, wie du schreibst. Bei Gott, lass' uns nicht vergessen, was uns nur in geringer Weise glücklich machen kann. Wenn Gott es für richtig gehalten hätte, dass unsere Verlangen gestillt werden, so wären sie erfüllt worden, und es hätte sich nicht alles verschworen, um es zu durchkreuzen. Da er es anders bestimmt hat, müssen wir uns beugen und sollten nicht weiter danach streben, eine unschuldige Leidenschaft zur Sünde zu machen, und nicht die Starrsinnigkeit eines Kleinkindes an den Tag legen.«[7]

Dorothys Vater starb im März 1654, und Dorothy gab sofort ihre langjährige geheime Verlobung öffentlich bekannt. Sie erkrankte im November an Pocken, konnte jedoch Weihnachten 1654 noch heiraten. Dorothy hatte ein einfaches Rezept für eine glückliche Ehe: »Als wahre Freunde müssen wir einander gleichermaßen gehorchen und befehlen.«[8]

William hatte eine lange, erfolgreiche Karriere als Diplomat, und Dorothy konnte ihn auf vielen seiner Besuche auf dem Kontinent begleiten. Williams größter Erfolg bestand in der Vorbereitung der Hochzeit zwischen dem Prinz von Orange und Prinzessin Mary, die später König und Königin von Großbritannien werden sollten. Dorothy und William mischten sich unter die gehobenen Schichten der Gesellschaft und freundeten sich mit dem Königshaus an. Dorothy wurde Förderin der Schönen Künste. Doch sie lebte beständig in dem unguten Gefühl, dass es unmöglich ist, ewiges Glück zu finden. Das Paar erfreute sich einer langen, glücklichen Ehe, doch all ihre neun Kinder verstarben vor ihnen, sieben bereits im Kleinkindalter, eines von ihnen beging Selbstmord.

1688 zog sich Sir William Temple aus dem öffentlichen Leben zurück und startete eine neue Karriere als Schriftsteller. Er erntete schließlich Ruhm als Essayist. In seinem »Essay on Poetry« (»Essay über die Dichtkunst«) schrieb er:

»Wenn alles getan ist, ist das Leben des Menschen, wenn es hochkommt, wie ein eigensinniges Kind, mit dem man ein wenig spielen und das man bei Laune halten muss, bis es in den Schlaf versinkt, dann ist man seine Sorge los.«[9]

Dorothy starb im Jahr 1695, William verstarb vier Jahre später. Jonathan Swift, der berühmte Satiriker, kannte sie gut, da er Sir William Temples Sekretär gewesen war. Er beschrieb sie als »sanfte Dorothy, friedfertig, weise und großartig«.

Dorothy und William erfreuten sich einer langen, glücklichen Ehe. Sie hatten offensichtlich ihre Lektionen über die Liebe bereits in vorangegangenen Inkarnationen gelernt und nutzten dieses Leben, um in anderer Hinsicht zu wachsen. Doch ihre glückliche Ehe war nicht nur ein Geschenk. Sie war die Frucht zahlreicher gemeinsamer früherer Leben, in welchen sie ihre für sie bestimmten Lektionen langsam und schmerzhaft gelernt hatten.

Paraire und Kuini

Auf Neuseeland ist das Lied »Pokarekare Ana« ebenso bekannt wie die Nationalhymne. Die meisten Menschen betrachten es einfach als schönen Maori-Song. Doch ihm liegt eine interessante Geschichte zugrunde.

1912 verliebte sich in einer kleinen Siedlung an der Ostküste ein junges Maori-Pärchen ineinander. Sie hießen Paraire und Kuini. Das Paar wollte gern heiraten, doch Kuinis Familie war strikt gegen die Heirat. Sie mochten Paraire nicht, duldeten ihn nicht und wollten verhindern, dass die beiden irgendetwas miteinander zu tun haben.

Paraire war verzweifelt. Er musste Kuinis Familie beweisen, dass er ein guter Ehemann sein und sie gut versorgen würde. Er schrieb Kuini einen Brief, in dem er ihr seine Liebe auf ewig schwor. Da dies nicht genug schien, um ihre Eltern zu beeindrucken, verwandelte er den Brief in ein leidenschaftliches, inniges Liebeslied – eben »Pokarekare Ana«. Dann gelang es ihm, ein Treffen mit ihrer Familie bei einem berühmten ›marae‹ in Gisborne zu arrangieren. Ein ›marae‹ ist ein Treffpunkt, an dem wichtige Gespräche abgehalten werden.

Es muss für Paraire eine höchst stressige Situation gewesen sein, als er loszog, um Kuinis Familie und die Ältesten vom ortsansässigen Stamm der Maori zu treffen. Doch Paraire bot ein leidenschaftliches Zeugnis seiner Liebe und gewann die Herzen der Familie. Sie gaben ihre Zustimmung zur Ehe, und Paraire und Kuini erfreuten sich eines langen, glücklichen gemeinsamen Lebens. Sie waren mit acht Kindern und vielen Enkelkindern gesegnet.

Woher stammte das Lied, das Kuinis Familie so beeindruckte? »Pokarekare Ana« ist ein wunderschönes, melodiöses Lied, das dem tiefsten Innern von Paraires Seele entsprang. Es war rein mit dem Ziel geschrieben worden, die Herzen von Kuinis Familie zu gewinnen, so dass er sie heiraten durfte. Es zeugte von außerordentlicher Originalität und Kreativität, doch Paraire zeigte diese Qualitäten nie mehr, nachdem er Kuinis Hand bekommen hatte ...

Bentreshyt und Pharao Sety der Erste

Diese außergewöhnliche Geschichte einer Seelenpartnerschaft, die 3.000 Jahre lang angehalten hat, war Thema unzähliger Zeitschriftenartikel und erlangte internationale Bekanntheit, als Jonathan Cott und Hanny El Zeini ihren Bestseller »The Search for Omm Sety« (»Auf der Suche nach Omm Sety«) schrieben.[10]

Das letzte Kapitel der Geschichte begann am 16. Januar 1904, als Dorothy Eady in London geboren wurde. Mit drei Jahren stürzte sie eine Treppe hinab und wurde für tot erklärt. Der Arzt ging los, um den Totenschein zu holen. Als er eine Stunde später wiederkam, saß Dorothy im Bett und spielte ein Spiel. Kurz darauf begann Dorothy, immer wieder die gleichen Träume zu haben: Sie sah ein großes Gebäude mit Säulen in der Nähe eines wunderschönen Gartens. Oft fanden ihre Eltern sie tagsüber ohne ersichtlichen Grund in Tränen aufgelöst. Wenn sie fragten, was passiert sei, so sagte Dorothy stets: »Ich will nach Hause.«

Im Alter von vier Jahren machten ihre Eltern mit ihr einen Ausflug ins Britische Museum. Als sie in die ägyptischen Hallen kamen, rannte Dorothy durch den Raum und küsste die Füße aller Statuen, die sie erreichen konnte. Als die Familie weitergehen wollte, setzte sich Dorothy neben eine Mumie in einer Glasvitrine und weigerte sich mitzukommen. Die Familie ließ sie dort sitzen und kam eine halbe Stunde später wieder zurück. Wieder weigerte sie sich mitzukommen, und ihre Mutter hob sie hoch, um sie hinauszutragen. Dorothy sagte sofort: »Lass' mich ... *das* sind meine Leute!«[11]

Wenige Monate später brachte Dorothys Vater einen Band einer Enzyklopädie mit nach Hause, der Fotos und Zeichnungen vom alten Ägypten enthielt. Dorothy war fasziniert davon, insbesondere von einer ganzseitigen Aufnahme des Rosetta-Steines. Sie studierte dieses Foto stundenlang und benutzte ein Vergrößerungsglas, um die Hieroglyphen zu betrachten. Als ihre Mutter bemerkte, dass dies eine Sprache sei, die Dorothy nicht kenne, antwortete das kleine Mädchen, dass sie sie sehr wohl kenne, jedoch vergessen habe.

Als Dorothy sieben Jahre alt war, brachte ihr Vater einige Zeitschriften mit nach Hause. Eine davon enthielt ein Foto des Tempels von Sety dem Ersten in Oberägypten. Dorothy lief auf ihren Vater zu und rief: »*Das* ist mein Zuhause! *Dort* habe ich gelebt!« Ich brauche nicht zu erwähnen, dass Dorothys Eltern verwirrt und über ihre Tochter besorgt waren. Ihre Sorgen wuchsen, als Dorothy ein Foto der Mumie von Sety dem Ersten fand. Sie lief wieder zu ihrem Vater und erklärte ihm, dass sie Sety den Ersten kannte, und dass er ein netter Mann war. Dorothys Vater hatte genug. Er schrie seine Tochter an, dass der Mann auf dem Foto schon seit 3.000 Jahren tot sei, und sie ihn wohl kaum kennen könne. Auch war er wahrscheinlich kein netter Mann gewesen. Dorothy rannte unter Tränen in ihr Zimmer und schlug die Tür lautstark hinter sich zu.

Als sie älter wurde, begann Dorothy, die Schule zu schwänzen, um das Britische Museum zu besuchen. Sie traf Sir E. A. Wallis Budge, den berühmten Autor und Betreuer der ägyptischen und assyrischen Antiquitätensammlung. Dieser brachte ihr bei, die Hieroglyphen zu entziffern.

Im Alter von 14 Jahren besuchte Sety sie zum ersten Mal. Dorothy schlief gerade, erwachte aber, als sie ein Gewicht auf ihrer Brust spürte. Sie war überrascht, aber außer sich vor Freude und schrie laut auf. Ihre Mutter stürzte ins Zimmer, und Dorothy musste erklären, dass sie einen Albtraum gehabt hatte. Sie konnte nicht erklären, warum ihr nagelneues Nachthemd zerrissen war.

Im Alter von 29 Jahren heiratete Dorothy einen jungen Ägypter, der sie mit zurück nach Kairo nahm, um mit ihr dort zu leben. Ihr Ehemann hatte damals keine Ahnung davon, dass er mit einem längst verstorbenen Pharao um die Liebe seiner Frau rivalisierte. Zu diesem Zeitpunkt hatte Dorothy nur vage Ahnungen von ihrem früheren Leben mit Sety, doch kurz nach ihrer Ankunft in Ägypten begann er, ihr regelmäßig zu erscheinen. In ihrem zweiten Jahr in Ägypten begann Dorothy, mitten in der Nacht aus dem Bett zu steigen und im halbwachen Zustand die Worte niederzuschreiben, die ihr von einem »Herrn« namens Hor-Ra übermittelt wurden. Im Verlauf eines Zeitraumes von zwei Jahren kam die ganze Geschichte ihres früheren Lebens zutage.

In jenem Leben nannte sich Dorothy ›Bentreshyt‹ (dies bedeutet ›Harfe der Freude‹). Sie war das Kind einer Gemüsehändlerin und eines Soldaten gewesen, der in den Baracken etwa eine Meile von Setys Tempel entfernt seinen Dienst leistete. Ihre Mutter verstarb, als sie zwei Jahre alt war. Ihr Vater fühlte sich nicht imstande, sich

BERÜHMTE UND WENIGER BERÜHMTE SEELENPARTNER

persönlich um sie zu kümmern. So brachte er sie in den Tempel, wo sie als Priesterin der Isis erzogen wurde. Im Alter von 12 Jahren wurde sie gefragt, ob sie weiterhin im Tempel bleiben oder in die Welt hinausziehen wolle, um sich einen Mann zu suchen. Bentreshyt kannte nur das Tempelleben. Da sie dort glücklich war, beschloss sie zu bleiben. Dies bedeutete, dass sie schwören musste, eine Jungfrau zu bleiben, da sie in der Tat zum Tempeleigentum wurde.

Zwei Jahre später kam Sety nach Abydos, um zu kontrollieren, wie die Arbeiten an seinem neuen Tempel vorangingen. Eines Tages war er im Garten und hörte jemanden singen. Es war Bentreshyt. Er bat sie, mit ihm mitzukommen. Offensichtlich war er von diesem schönen, 14-jährigen Mädchen mit seinem blonden Haar und seinen blauen Augen ganz gefangen. Ihr Urgroßvater stammte von den griechischen Inseln, und aufgrund ihrer hellen Hautfarbe stach Bentreshyt unter allen anderen im Tempel hervor. Sety und Bentreshyt trafen sich danach mehrmals und verliebten sich bald ineinander. Dies war eine entsetzliche Sünde, da Bentreshyt Tempeleigentum und eine jungfräuliche Priesterin der Isis war. Zu allem Überfluss wurde Bentreshyt auch noch schwanger.

Sety musste Abydos verlassen, um Konflikte in Nubien zu klären. Während seiner Abwesenheit wurde Bentreshyt verhört und gab schließlich ihre Liebe zu Sety zu. Ihr Vergehen gegen Isis bedeutete, dass die Todesstrafe die einzige war, die für sie in Frage kam. Doch das hätte ein Gerichtsverfahren erfordert und ans Licht gebracht, dass Sety eine Priesterin der Isis geschwängert hatte. Um ihren Liebhaber zu schützen, beging Bentreshyt Selbstmord. Als Sety zurückkehrte, war er von der Nachricht am Boden zerstört und schwor, sie nie zu vergessen.

Nach drei Jahren Ehe in diesem Leben ließen sich Dorothy und ihr Mann scheiden. Es war für beide eine Erleichterung und befreite Dorothy, so dass sie ihre Liebe zur ägyptischen Antike weiter pflegen und ihre Arbeit daran fortsetzen konnte. Unter Aufbietung vieler Überzeugungskünste versetzte die Abteilung für Antike Dorothy schließlich in den 50er Jahren nach Abydos, und sie verbrachte den Rest ihres Lebens an dem Ort, den sie schon immer als ihr »Zuhause« bezeichnet hatte. Sie wurde als »Omm Sety« bekannt, das bedeutet »Mutter von Sety«.

Der faszinierende Aspekt an Dorothys Leben in Ägypten ist die Tatsache, dass Sety sie regelmäßig besuchte, manchmal auf der Astralebene, doch auch in Fleisch und Blut. Er konnte sich in ihrem Haus materialisieren, und sie konnten sich dort körperlich lieben. Diese Seite ihrer Beziehung endete, als sie nach Abydos versetzt wurde. Sety erklärte ihr, dass sie wieder zum Tempeleigentum werden würde, und dass es sich keiner von beiden leisten konnte, den gleichen Fehler wieder zu begehen. Er erklärte ihr, dass sie beide auf die Probe gestellt wurden, und dass ihnen ihre Sünde vergeben würde, wenn sie imstande seien, der Versuchung zu widerstehen. Dann könnten sie für die Ewigkeit zusammen sein. Obgleich sie sich nun nicht mehr körperlich lieben konnten, setzten sich die Besuche Dorothys gesamtes Leben lang fort. Sie wusste, dass nur wenige Menschen ihr Glauben schenken würden, vertraute sich daher nur wenigen an und zeichnete ihr Leben in ihrem Tagebuch auf.

Dies sind nur einige wenige Beispiele für die zahllosen Geschichten, die man über historische Seelenpartnerschaften erzählen könnte. Die meisten dieser Beziehungen sind natürlich im Nebel der Zeit verschwunden. Glücklicherweise werden immer mehr Geschichten niedergeschrieben. Ein hervorragendes Beispiel ist der Fall von Elizabeth und Pedro, die über die Jahrhunderte hinweg viele Male ein Liebespaar waren und sich in diesem Leben dank der Hilfe ihres Psychiaters, Dr. Brian Weiss, wiedergefunden haben. »Only Love is Real« (»Nur die Liebe ist echt«), sein faszinierender Bericht ihrer persönlichen Geschichte, wurde 1996 veröffentlicht.[12]

Natürlich werden die meisten Seelenpartnerschaften niemals schriftlich aufgezeichnet. Die Betroffenen sind sich meist bewusst, dass sie eine besondere Art von Beziehung pflegen, die sie als Seelenpartnerschaft bezeichnen würden oder auch nicht.

Den eigenen Seelenpartner zu finden ist offensichtlich ein wichtiger Bestandteil unseres Lebensprozesses. Den eigenen Seelenpartner zu behalten ist natürlich ebenso wichtig, wie wir im nächsten Kapitel erfahren werden.

So bleiben Sie mit Ihrem Seelenpartner zusammen

Ein Wort befreit von allem Gewicht und jedem Schmerz im Leben:
Das Wort heißt – ›Liebe‹.

Sophokles (496-406 v. Chr.)

$\mathcal{I}$ch bin selten überrascht, wenn mir Menschen erzählen, sie hätten eine tiefe, liebevolle Beziehung zu ihrem Seelenpartner, dass die Beziehung jedoch nicht anhielt. Wie Sie wissen, sind viele Seelenpartnerschaften nicht für die Ewigkeit gedacht. Es handelt sich meist um Beziehungen, bei welchen zwei Menschen gemeinsam an einem Projekt arbeiten oder karmische Schulden abbauen. Ist die Aufgabe erfüllt, so besteht keine Notwendigkeit mehr, dass die Beziehung weiter besteht. Folglich werden die beiden, auch wenn sie womöglich Freunde bleiben, wieder voneinander wegstreben. Die Beziehung wird nicht mehr so intensiv sein wie zu der Zeit, als sie miteinander arbeiteten.

Eine Seelenpartnerschaft voller Wärme und Liebe unterscheidet sich davon normalerweise und ist auf Dauer angelegt. Wertvolle Lektionen werden erlernt, wenn die Beziehung tragisch endet, wie es bei C. S. Lewis und seiner Frau Joy der Fall war. Bei Robert und Elizabeth Browning lag der Fall in dieser Hinsicht etwas anders. Sie hatten 13 wundervolle Jahre miteinander, und beide hatten wahrscheinlich die für sie bestimmten Lektionen vom anderen gelernt. Folglich räumte Elizabeths Tod, so bedauernswert er war, Robert die Freiheit ein, nach England zurückzukehren und seine Karriere auf einem höheren Niveau als bisher weiterzuverfolgen.

Erst kürzlich kam ein Mann Ende 30 zu mir. Er war depressiv und hatte das Interesse am Leben völlig verloren. Er erzählte mir, dass er mit der wundervollsten Frau der Welt verheiratet gewesen war, doch nach zwölf Jahren Ehe hatte sie ihn verlassen. Es gab keinen lachenden Dritten. Das Paar hatte sich einfach auseinandergelebt.

Ich fragte ihn, was er unternommen habe, um die Zerrüttung der Ehe zu verhindern.

»Ich war so mit meiner Arbeit beschäftigt«, erklärte er mir. »Und als ich es erkannte, war es zu spät.«

Die beiden hatten sich weder gemeinsam an einen Tisch gesetzt und die Situation durchgesprochen noch irgendeine Beratung in Anspruch genommen. Sie hatten einfach ihren Besitz geteilt und sich getrennt. Es schien, als sei keine Seite bereit gewesen, irgendetwas zu tun, um die Ehe zu retten.

»Warum rufen Sie sie nicht einfach an und laden sie zum Abendessen ein?«, schlug ich vor. »Fangen Sie doch von vorne an.«

Er schien eine Weile über meinen Vorschlag nachzudenken und schüttelte dann den Kopf.

»Nein, es ist vorbei.«

Wenige Tage später rief er mich an und berichtete mir, dass er meinem Rat gefolgt sei. Sie würden sich einen Kinofilm ansehen, und er hoffte, es würde hinterher zu einem gemeinsamen Gespräch kommen.

Es ist nur schwer zu verstehen, wie jemand, der seinen Seelenpartner gefunden hat (»die wundervollste Frau der Welt«) sie so leicht wieder aus seinem Leben gleiten lassen konnte. Doch das kommt ständig vor.

Offensichtlich hatte dieses Paar Probleme gehabt. Anstatt diese anzugehen und zu versuchen, eine Lösung zu finden, hatte der

Mann einfach immer mehr Stunden mit seiner Arbeit verbracht und sich dann darüber gewundert, weshalb die Beziehung in die Brüche ging.

Es muss nicht zu Situationen wie dieser kommen. Es gibt viele Dinge, die man tun kann, um eine Beziehung am Leben zu erhalten.

Das Wichtigste ist die Liebe. Solange die Liebe besteht, kann die Beziehung überleben und weiter wachsen. Ist die Liebe gestorben, so ist es besser, die Beziehung so schnell wie möglich zu beenden. Folglich ist es wichtig, dass Sie Ihrem Partner jeden Tag sagen, dass Sie ihn lieben. Es gibt nicht *den* passenden Zeitpunkt oder Ort dafür. Am Telefon oder per e-mail kann es ebenso effektiv sein, wie wenn Sie es ihm persönlich sagen. Lassen Sie Ihren Partner wissen, dass Sie ihn für etwas ganz Besonderes halten. Drücken Sie Ihre Liebe auf verschiedene Weise aus. Überraschen Sie Ihren Partner - ohne Anlass, einfach so - mit einer »Ich liebe dich«-Karte oder einem Blumenstrauß.

Es ist ein ganz natürlicher Prozess, dass Partner mit der Zeit einander selbstverständlich sind. Halten Sie die Romantik auf möglichst unterschiedliche Weise am Leben. Ein Paar, das ich kenne, verbringt jeden Monat eine Nacht in einem Luxushotel in der Stadt, in der sie wohnen. Sie führen beide ein viel beschäftigtes Leben und verreisen nicht gern. Seitdem sie verheiratet sind, haben sie sich jeden Monat eine Nacht allein für sich reserviert und lassen nichts dazwischenkommen.

Dieses Paar freut sich jeden Monat auf seine »Flitterwochen-Nacht«. Die Romantik lässt sich jedoch auch auf viele andere Arten - aufwendige und einfache - aufrechterhalten. Einer meiner Bekannten schreibt seiner Frau kleine Gedichte, in welchen er ihr sagt, wie sehr er sie liebt und schätzt. Er gibt glücklich zu, dass er ein grässlich schlechter Dichter ist, dass seine Frau jedoch jedes einzelne Gedicht, das er im Laufe der letzten 20 Jahre geschrieben hat, aufgehoben hat und wie einen Schatz hütet.

DEIN SEELENPARTNER WARTET ...

Vor einigen Jahren erzählte mir ein weiser Mann, wie er eine Beziehung am liebsten wiederauffrischt.

»Fragen Sie Ihren Partner, was er am Wochenende am liebsten tun würde, wenn er eine bestimmte Geldsumme zur Verfügung hätte. Arrangieren Sie das dann für ihn. Überraschen Sie Ihren Partner, indem Sie ihm genau das bieten, worum er gebeten hat. Achten Sie darauf, dass an diesem besonderen Wochenende auch wirklich allen Wünschen Ihres Partners entsprochen wird. Arrangieren Sie ein Wochenende, an das sich Ihr Partner für den Rest seines Lebens erinnern wird.«

Einander Zuzuhören ist ein weiterer wichtiger Grundbaustein für eine erfolgreiche Partnerschaft. Probleme entstehen, wenn einer redet, der andere jedoch nicht zuhört. Oft redet ein Partner mehr als der andere. Dafür gibt es viele Gründe. Der ruhigere Partner hat beispielsweise vielleicht Probleme damit, seine innersten Gefühle auszudrücken. Ein Partner ist möglicherweise von Natur aus stiller als der andere. Ein Ungleichgewicht dieser Art spielt keine Rolle, solange jeder Partner bereit ist zuzuhören, *wirklich* zuzuhören, wenn der andere spricht. Das ist nicht leicht. Die meisten Menschen sind viel beschäftigt und haben den Kopf voller Dinge, die im Alltagsleben so anstehen. Es ist ein Leichtes, in eine Fantasiewelt abzudriften, wenn uns jemand etwas erzählt.

Ich persönlich lasse mir dies besonders zu Schulden kommen, wenn ich an einem Buch arbeite. Als meine Kinder kleiner waren, konnten sie mir immer sagen, wann ich an einem Buch schrieb, denn dann glitt ich ganz unwillkürlich in eine andere Welt ab, während wir zum Essen am Tisch saßen. Sie sprachen mich dann immer an, erhielten aber keine Antwort, da ich im Kopf bei meinem Buch war. Glücklicherweise wurde es zum ›running gag‹ in der Familie, und es besteht Hoffnung, dass ich beim Zuhören allmählich besser werde und in der Gegenwart bleibe.

Nachbarn von uns haben eine interessante Übung entwickelt, die sie mindestens einmal pro Woche machen. Sie entwickelten diese, um die offene Kommunikation zu verbessern. Sie ist jedoch ebenso effektiv, wenn sie eingesetzt wird, um das Zuhören zu üben. Drei Minuten lang spricht einer von ihnen zum anderen. Der Zuhörer darf weder auf irgendeine Weise unterbrechen noch reagieren. Er muss völlig passiv bleiben und darf nicht einmal beifällig mit dem Kopf nicken. Sie benutzen eine Eieruhr, um die Zeit zu stoppen. Normalerweise beginnt die Sitzung mit einleitenden Worten wie: »Ich mag dich, aber«. Dann hat der Sprecher drei Minuten Zeit, alles zu sagen, was ihm gerade einfällt. Sind die drei Minuten um, werden die Rollen getauscht, und der Zuhörer wird zum Sprecher. Sie wiederholen diese Übung, sooft es nötig ist, um bestehende Probleme zu lösen. Eine feste Regel lautet, dass jede Person die gleiche Zeit zur Verfügung hat. Folglich muss derjenige, der eingangs drei Minuten Zeit hatte zu reden, die letzten drei Minuten der Zuhörer sein. Dies garantiert, dass jedem die gleiche Zeit zur Verfügung steht.

Als sie mir das zum ersten Mal erzählten, hielt ich es für eine schreckliche Idee, die eine Beziehung zerstören kann. Doch als ich es ausprobierte, stellte ich fest, dass das Gegenteil der Fall ist. Sicher, als Zuhörer müssen Sie sich Dinge anhören, mit welchen Sie nicht einverstanden sind oder die verletzend wirken, doch wenn Sie mit Sprechen an der Reihe sind, sind diese vergessen, da Sie das sagen, was Sie gerade bewegt. Seitdem ich diese einfache Technik kennen gelernt habe, habe ich sie vielen Paaren vorgeschlagen. Sie haben ausnahmslos alle davon profitiert. Das Zeitintervall von drei Minuten kann verlängert oder verkürzt werden. Meine Nachbarn benutzen eine Eieruhr, da dies eine einfache Möglichkeit ist, drei Minuten zu stoppen. Vielleicht wählen Sie lieber eine Minute oder gar zehn Minuten. Es muss eine Zeitdauer sein, die beiden Partnern zusagt. In der Praxis fand ich es persönlich besser, mit einer kurzen Zeitspanne zu beginnen und diese dann allmählich zu verlängern, sobald beide Partner damit vertraut waren.

Was sollten Sie tun, wenn Sie Schwierigkeiten mit Ihrer Beziehung haben? Jede Beziehung erlebt natürlich ihre Höhen und Tiefen.

Wichtig ist, dass man immer im Gespräch miteinander bleibt. Doch vielen Menschen fällt es schwer, ihre Gefühle zum Ausdruck zu bringen. Solche Menschen neigen dazu, ihre aufgestauten Gefühle in sich zu verschließen, und erscheinen nach außen hin kalt und gleichgültig. In ihrem Innern sind sie natürlich verletzlich. Doch indem sie einen Schutzschild oder eine Mauer um sich herum aufbauen, schützen sie sich leichter vor weiterem Schmerz. Seien Sie geduldig, wenn Sie mit dieser Situation konfrontiert sind. Nehmen Sie Ihren Partner aus seinem gewohnten Umfeld heraus, und prüfen Sie, ob Sie über die Situation an einem anderen Ort leichter sprechen können. Egal, was Ihr Partner tut oder sagt, bringen Sie ihm gegenüber unerschütterlich Ihre bedingungslose Liebe zum Ausdruck.

Sie können Ihre Liebe füreinander auch in einem Gebet zum Ausdruck bringen. Sie brauchen nicht religiös sein, um zu beten. Jeder kann es. Beten Sie für Ihren Partner und für Ihre Ehe. Sie können dies jederzeit tun, überall. Sie brauchen dazu nicht in einer Kirche zu sein oder neben dem Bett niederzuknien. Sie können beten, während Sie abspülen oder zur Arbeit fahren. Sie können jeden freien Moment beten. Vielleicht möchten Sie gern ein Affirmationsgebet folgender Art sprechen: »Die göttliche Liebe schützt meinen Partner, mich selbst und unsere Beziehung.« Alternativ dazu können Sie auch einen Dialog führen, in dem Sie all Ihre Gefühle zum Ausdruck bringen und um Hilfe und Führung bitten.

Henry Drummond bezeichnete die Liebe als »die höchste Gabe« und »das Allergrößte auf der Welt«. Jedes Wort in seiner Bittschrift »The Greatest Thing in the World« (»Das Allergrößte auf der Welt«) ist es wert, wieder und wieder gelesen zu werden, doch zwei Absätze sind von besonderer Bedeutung, wenn es um das Thema ›Seelenpartner‹ geht. Sie lauten:

»In Fülle zu lieben bedeutet, in Fülle zu leben, und auf ewig zu lieben bedeutet, auf ewig zu leben. Daher ist das ewige Leben untrennbar mit der Liebe verbunden. Wir wol-

len aus dem gleichen Grund ewig leben, weshalb wir auch morgen leben möchten. Warum möchten Sie morgen leben? Weil es jemanden gibt, der Sie liebt und den Sie morgen sehen möchten, mit dem Sie zusammen sein und den Sie wiederum ebenfalls lieben möchten. Es gibt keinen anderen Grund, weshalb wir weiterleben sollten, als dass wir lieben und geliebt werden.[1]

Wenn Sie auf Ihr Leben zurückblicken, werden Sie merken, dass die Augenblicke, die herausstechen, die Momente, in welchen Sie wirklich gelebt haben, diejenigen sind, in welchen Sie von der Liebe beflügelt gehandelt haben.«[2]

Vergebung spielt eine wichtige Rolle bei langfristigen Beziehungen. Jeder macht Fehler, und wir alle neigen dazu, andere für unsere Missgeschicke verantwortlich zu machen. Wenn wir uns verletzt fühlen, neigen wir dazu, dies an jedem auszulassen, den wir dafür für verantwortlich halten – auch an den Menschen, die wir am meisten lieben. All dies trägt noch zur Verschlimmerung der Situation bei.

Wenn wir jemandem etwas verzeihen, was er getan hat, tun wir zwei wichtige Dinge: Wir vergeben natürlich dem anderen. Wichtiger ist jedoch, dass wir all die aufgestaute Negativität und den Groll loslassen, die uns auffressen wie eine Krankheit. Das Gefühl der Freiheit, die die Vergebung mit sich bringt, ist unglaublich.

Haben zwei Seelenpartner größere Probleme in ihrer Beziehung, ist es sehr wahrscheinlich, dass das ursprüngliche Problem in einem vergangenen Leben seinen Anfang genommen hatte. Folglich schlage ich diesen Menschen vor, eine kompetente Person zu finden, um sie zu dem Ereignis zurückzuversetzen – was auch immer es war –, das das aktuelle Problem verursacht hat. Haben sie die zugrundeliegende, anfängliche Ursache ihrer Schwierigkeiten verstanden, löst sich das Problem normalerweise von selbst.

Ein Beispiel, an das ich mich gut erinnere, betrifft Duncan und Louise. In meiner Jugend spielte ich immer Tennis mit Duncan. Ich war angenehm überrascht, mehr als 20 Jahre später festzustellen, dass er jetzt mit einer äußerst attraktiven Frau verheiratet ist, die vorher zu mir zur Behandlung gekommen war, um ihr bei der Stressbewältigung zu helfen. Viele ihrer stressbedingten Probleme waren auf einen arrogant-herrischen, sexistischen Chef zurückzuführen, der Sarkasmus und Spott einsetzte, um seine Angestellten zu dominieren. Durch unsere Hypnosestunden war sie imstande, seinen Missbrauch zu verarbeiten, ohne unter übertriebenem Stress zu leiden. Ich riet ihr, den Arbeitsplatz zu wechseln, doch sie blieb, wo sie war - und hat nun die Stelle ihres alten Chefs.

Als sie mich einige Jahre nach ihren ersten Sitzungen anrief, nahm ich an, dass sie erneut unter Stress litt. In gewissem Sinne tat sie das auch. Sie war seit zehn Jahren mit Duncan verheiratet, und es war in fast jeder Hinsicht eine ideale Ehe. Doch Duncan hatte im Lauf der Jahre mehrere Seitensprünge gehabt und war kurze Beziehungen mit anderen Frauen eingegangen. Immer, wenn er ertappt wurde, entschuldigte er sich und schwor ihr, dass es nie mehr passieren würde. Natürlich passierte es nach einigen Monaten oder einem Jahr wieder. Louise hatte ihm in der Vergangenheit verziehen, wurde es aber allmählich müde. Außerdem begann sie an allem, was Duncan sagte, zu zweifeln. Kam er eine Stunde später nach Hause wie gewohnt, so glaubte sie sofort, er sei bei einer anderen Frau gewesen. Sie wünschte eine Rückführung in frühere Leben, um zu prüfen, ob sie und Duncan in der Vergangenheit bereits zusammengewesen waren. Als sie heirateten, so erklärte sie mir, war sie der Überzeugung gewesen, dass sie Seelenpartner seien. Nun war sie sich dessen nicht mehr so sicher.

Auf den ersten Blick schien es, als wollte Duncan vielleicht häufiger Sex als Louise, doch dies war offenkundig nicht der Fall. Louise erzählte mir, dass sie beide es genossen, sich zu lieben, und dass sie genauso oft den Anstoß dazu gab wie er.

Sie versetzte sich in ein Leben vor 100 Jahren in Upsalla in Schweden zurück. Sie war ebenfalls mit Duncan verheiratet. Alles ging gut, bis Duncan eines Nachts betrunken nach Hause kam und versuchte, aufdringlich zu werden. Sie wehrte seine Annäherungsversuche ab. Es folgte ein Kampf, der damit endete, dass sie ihn mit einer Keramikurne bewusstlos schlug. Am nächsten Tag zog er aus, kehrte jedoch eine Woche später wieder zurück. Obgleich sie weitere 30 Jahre lang verheiratet blieben, hatte er nie mehr Sex mit ihr. Er blieb kühl auf Distanz und zog sich zurück. Von Zeit zu Zeit vernahm Louise Gerüchte, dass ihr Mann Prostituierte aufsuchte, doch dieses Thema kam zwischen ihnen nie zur Sprache.

Louise war skeptisch darüber, dass dies die Ursache ihrer gegenwärtigen Probleme war.

»Ich habe das Gefühl, als würde ich ihm gerade auf den Kopf schlagen«, sagte sie. »Wir haben ein gutes Sexualleben. Er braucht nirgendwo anders hinzugehen.«

Louise arrangierte auch für Duncan eine Rückführungssitzung. Dies war unsere erste Begegnung nach 20 Jahren. Er zögerte in Bezug auf die Rückführung für den Fall, dass ich Informationen hören könnte, die vorrangig persönlich waren. Ich versicherte ihm, dass man unter Hypnose ebenso gut lügen kann, und dass er mir nur das erzählen solle, was ich von seiner Seite aus erfahren könne.

Normalerweise versuche ich nicht, Menschen in ein spezielles Leben zu führen, doch in diesem Fall war es wichtig, seine Sichtweise über sein früheres Leben in Schweden zu erfahren.

Es stellte sich heraus, dass er in jenem Leben ein ruhiger, tiefsinniger Mann gewesen war, der so gut wie nie Smalltalk hielt und wenig Freunde besaß. Er war ein starker Trinker, erlaubte es sich aber nur selten, sich richtig zu betrinken. Er merkte nicht, dass er in der Nacht, als seine Frau seine Annäherungsversuche ablehnte, so richtig voll war. Er wollte darüber reden, sie jedoch weigerte sich. Er erinnerte sich, dass sie zur Urne griff, und empfand ein Gefühl der völligen Ungläubigkeit, als sie damit ausholte. Sein Stolz trieb ihn am nächsten Morgen aus dem Haus. Geldmangel ließ ihn eine Woche später wieder zurückkehren. Er fühlte sich nicht imstande, mit seiner Frau über die Sache zu sprechen. Folglich zog er sich mehr und mehr in sich selbst zurück. Wenn er es sich leisten konnte, besuchte er eine Prostituierte. Dies verschaffte ihm jedoch nur wenig Befriedigung und steigerte sein Frustrationsgefühl nur noch mehr, sich seiner Frau nicht mehr nähern zu können.

Als er wieder in die Gegenwart zurückgekehrt war, fragte ich ihn, ob diese Erfahrung irgendein Licht auf ihre gegenwärtigen Probleme geworfen hätte. Duncan schien von dem ganzen Erlebnis wie betäubt. Der Gedanke an die Reinkarnation war ihm selbst nie gekommen. Er hatte mir nur einen Besuch abgestattet, um seiner Frau einen Gefallen zu tun. Er schüttelte immer wieder ungläubig den Kopf, während wir die Sache durchsprachen.

»Es ist faszinierend«, erklärte er mir. »Wir haben eine wundervolle Ehe, doch ab und an bekomme ich diesen Drang, Sex mit anderen Frauen zu haben. Ich wusste bisher nie, warum, da wir ein fabelhaftes Sexualleben haben. Und doch setze ich unsere Beziehung mit dummen kleinen Seitensprüngen aufs Spiel, die mir überhaupt nichts bedeuten.

Was Louise mir im vergangenen Leben angetan hat, war richtig. Ich würde es auch nicht wollen, dass mich irgendein Betrunkener sexuell belästigt. Vielleicht hätte sie mich nicht gleich bewusstlos schlagen müssen, doch sie hätte es mir auch nicht gestatten sollen, ihr den Sex aufzuzwingen. Ich war zu stolz und zu stur, jemals mit ihr darüber zu reden. Daher habe ich mich zurückgezogen und mich selbst und auch sie bestraft. Wie dumm!«

»Glaubst du, dies hat irgendeinen Bezug zu euren jetzigen Schwierigkeiten?«

Duncan schürzte die Lippen. »Vielleicht. Ich weiß es nicht.«

Am nächsten Morgen rief mich Louise an, um mir mitzuteilen, dass sie eine ernsthafte Diskussion über ihr vergangenes Leben und die Zukunft ihrer Beziehung geführt hätten. Es wurde von keiner

Seite irgendein Versprechen abgegeben, doch beide hatten das Gefühl, dass sie einen großen Durchbruch geschafft hätten.

Ich sah sie fünf Jahre lang nicht. Meine Frau und ich besuchten
ein Open-Air-Konzert – und zufällig lagen sie nur wenige Meter von
uns entfernt im Gras. Sie hatten die Arme umeinander geschlungen
und machten einen äußerst glücklichen Eindruck. Louise grinste
mir zu und erzählte mir, dass all ihre Probleme beseitigt seien. Der
triviale Vorfall, der ihre Beziehung in der Vergangenheit ruiniert hatte, sollte sich nicht nochmals wiederholen.

Ich war erfreut darüber zu erfahren, dass die Rückführung ihre
Probleme gelöst hatte, und glücklich darüber, dass nicht mehr als
eine Sitzung pro Person nötig gewesen war. Oft sind mehrere Rückführungen erforderlich. Das kommt daher, weil sich ein karmisches
Problem oft über mehrere Leben ausdehnt und nicht immer gelöst
wird, wenn man lediglich in ein früheres Leben zurückblickt.

Niemand von uns wird einst auf dem Totenbett liegen und sich
wünschen, er hätte doch lieber mehr Zeit im Büro verbracht oder
ferngesehen. Es ist sehr viel wahrscheinlicher, dass wir jene letzten
Augenblicke darauf verwenden, um an die Menschen zu denken, die
wir lieben – und die uns lieben. Welch eine Tragik ist es dann, dass
wir die besonderen Menschen wieder aus unserem Leben verschwinden lassen, wenn einfache Fürsorge, Aufmerksamkeit und Liebe alles
verändern können.

Resümee

Mögen diejenigen, die noch nie geliebt haben, jetzt lieben.
Mögen die, die schon immer geliebt haben, jetzt noch mehr lieben.
Anonym (aus dem Lateinischen von Thomas Parnell, 1722)

Wir sollten alle im Leben nur das Beste für uns wählen. Das gilt auch für Beziehungen. Sie vergeuden einen Großteil Ihres Lebens, wenn Sie aufgeben und jemanden heiraten, obwohl Sie wissen, dass er nicht Ihr Seelenpartner ist. Tun Sie es trotzdem, so werden Sie zumindest für dieses Leben die unglaubliche Liebe und Leidenschaft verpassen, die zwischen zwei Menschen besteht, die schon seit vielen, vielen früheren Leben zusammen gewesen sind.

Es mag unter Umständen so aussehen, als würden Sie Ihren Seelenpartner niemals finden. Dies kann eine Lektion bedeuten. Vielleicht gibt es Erfahrungen, die Sie zuerst durchleben müssen. Möglicherweise müssen Sie erst die Erfahrung einer schwierigen Beziehung machen. Vielleicht müssen Sie auch Geduld erlernen.

Vertrauen Sie beharrlich darauf, dass Ihr Seelenpartner irgendwo da draußen ist und ebenfalls nach Ihnen Ausschau hält. Wenn Sie sich endlich begegnen, wird die Zeit des Wartens unbedeutsam erscheinen. Vergessen Sie nicht, dass Sie auch – und vielleicht gerade – in einer Seelenpartnerschaft die Beziehung hegen und pflegen müssen. Sie haben bereits unzählige Leben miteinander verbracht und viele Dinge gelernt. Sie beide haben das Potenzial, in dieser Inkarnation sehr weit voranzukommen. Vergeben Sie diese Chance nicht, indem Sie Ihren Seelenpartner wieder entgleiten lassen.

Wussten Sie schon, dass Wissenschaftler entdeckt haben, dass oft ein gewisser Grad an Geisteskrankheit zu verzeichnen ist, wenn man sich verliebt? Ein Team italienischer Wissenschaftler unter der Leitung von Dr. Donatella Marazziti, Psychiaterin an der Universität von Pisa, glaubt, dass dies der Fall ist. Man fand dort heraus, dass Menschen, die unter krankhaften Zwangsvorstellungen leiden, 40 Prozent weniger an Serotonin im Körper haben als der Durchschnittsbürger. Menschen, die verliebt sind, haben ebenfalls 40 Prozent weniger an Serotonin im Körper.

Man hat Blutproben von 17 Männern und drei Frauen genommen, die verliebt waren, und verglich die Blutwerte mit denjenigen von 20 Patienten, die unter Zwangsvorstellungen litten, sowie von 20 Menschen, die nicht verliebt waren und auch keine psychischen Probleme hatten. Die Freiwilligen, die verliebt waren oder unter der Störung litten, verfügten über 40 Prozent weniger Serotonin als die anderen freiwilligen Teilnehmer.

Interessanterweise war der Serotoninwert bei den Menschen, die verliebt waren, bei einem erneuten Test nach 12 Monaten, nachdem die erste intensive Phase des Verliebtseins vorüber war, wieder auf den normalen Pegel zurückgekehrt.

Dr. Marazziti sagt: »Oft heißt es: ›Alle Verliebten sind auch leicht verrückt.‹ Das könnte wahr sein.«[1]

William Shakespeare wusste dies interessanterweise bereits vor 400 Jahren. Im 3. Aufzug in der 2. Szene von Shakespeares »Wie es euch gefällt«, sagt Rosalind: »Die Liebe ist bloße Tollheit«. Natürlich war Rosalind toll verliebt in Orlando ...

Finden Sie Ihren Seelenpartner - und Sie können auf ewig »ein wenig verrückt« und tief verliebt bleiben.

Über den Autor

Richard Webster wurde 1946 in Neuseeland geboren, wo er heute noch lebt. Er unternimmt alljährlich weite Reisen und hält auf der ganzen Welt Vorträge und Workshops zu spirituellen Themen, über die er auch viele Bücher geschrieben hat, und verfasst außerdem Kolumnen in Monatszeitschriften. Richard ist verheiratet und hat drei Kinder. Seine Familie unterstützt ihn sehr bei seiner Arbeit, doch sein ältester Sohn hat nach eingehender Betrachtung der Karriere seines Vaters beschlossen, Buchhalter zu werden.

Anmerkungen

Einführung

1 Es gibt viele Übersetzungen von Platons ›Symposion‹. Meine Version (übersetzt von Seth Benardete) steht in »Dialogues of Plato« (»Platons Dialoge«),
herausgegeben von Erich Segal, New York, N.Y., Bantam Books, 1986, S.
251-254.

2 Gerald A. Larue, »Ancient Myth and Modern Life« (»Alte Mythen und das
moderne Leben«), Long Beach, Kalifornien, Centerline Press, 1988, S. 155.

3 Barbara Watterson, »Ancient Egypt« (»Das alte Ägypten«), Stroud, UK, Sut-
ton Publishing Limited, 1998, S. 32.

Kapitel 1

1 John Bradshaw, »Creating Love: The Next Great Stage of Growth« (»Liebe
schöpfen – die nächste große Phase des Wachstums«), New York, N.Y., Bantam Books, 1992, S. 121.

2 William Faulkner, »Les Prix Nobel 1950 (1951)« (»Die Nobelpreise 1950/
1951«), S. 71.

3 Richard Webster, »Astral Travel for Beginners« (»Astralreisen für Anfänger«),
St. Paul, Minnesota, Llewellyn Publications, 1998, S. xi-xii.

4 C. G. Jung, »Memories, Dreams, Reflections« (»Erinnerungen, Träume, Re-
flexionen«), London, UK: Collins and Routledge and Kegan Paul, 1963, S.
183.

5 Nobel Street, »The Man Who Can Look Backward« (»Der Mann, der in
der Zeit zurückschauen kann«), New York, N.Y., Samuel Weiser, Inc., 1969,
S. 43.

6 Obgleich der Gedanke der Reinkarnation schon extrem alt ist, wurde das

191

Wort »Reinkarnation« erst vor 150 Jahren in die englische Sprache aufgenommen. Es ist eine Aneinanderreihung von fünf lateinischen Wörtern und
bedeutet: »Der Prozess der Wiederfleischwerdung«. (John Algeo, »Reincarnation Explored« (»Der Reinkarnation auf der Spur«), Wheaton, Illinnois,
»The Theosophical Publishing House, 1987, S. 133-134.) Das Wort »Trans-
migration« (»Seelenwanderung«) lässt sich auf das 16. Jahrhundert zurückführen und bedeutet: »Der Transfer einer Seele von einem Körper in den
anderen«. Worte mit ähnlicher Bedeutung sind: »Metempsychose« (»Seelenwanderung«) und »Palingenesis« (»Wiedergeburt«).

7 George Gallup Junior und William Procter, »Adventures in Immortality«
(»Abenteuer Unsterblichkeit«), New York, N.Y., McGraw Hill, Inc., 1982, S.
137-138.

8 Joe Fisher, »The Case of Reincarnation« (»Pro Reinkarnation«), Toronto,
Canada, Somerville House Publishing, 1998, S. 5-6. Originalausgabe von
Bantam Books, New York, 1984.

9 Dr. Ian Stevenson ist Carlson-Professor für Psychiatrie an der Universität
von Virginia sowie Leiter der Abteilung für Verhaltensmedizin und Psychiatrie. Er sagt, dass seine Entdeckungen auf die Existenz der Reinkarnation
»hindeuten«, da man diese offensichtlich nicht belegen kann, obwohl die
Resultate sehr überzeugend wirken. Sein berühmtestes Werk heißt »Twenty
Cases Suggestive of Reincarnation« (»Zwanzig Fälle, die auf die Existenz der
Reinkarnation hindeuten«), Charlottesville, Virginia, University Press of
Virginia, 1974. Dieses Buch wurde erstmals 1966 als Band 26 der »Procee-
dings of the American Society for Psychical Research« (»Fortsetzungsreihe
der amerikanischen Gesellschaft für psychologische Forschungen«) veröf-
fentlicht.

10 Ian Currie, »You Cannot Die« (»Sterben ist unmöglich«), Shaftesbury, UK,
Element Books Limited, 1995, S. 253. Erstveröffentlichung 1978 von Somerville House Printing Limited, Toronto, Canada.

11 Helen Wambach, Dr. phil., »Reliving Past Lives: The Evidence Under Hypnosis« (»Frühere Leben nochmals erleben – Die Hypnose beweist es«), New
York, N.Y.: Harper & Row, Herausgeber, Inc., 1978. Meine Ausgabe wurde
von Hutchinson und Company (Herausgeber) Limited, London, UK, 1979
veröffentlicht, S. 114-118.

12 Platon, »The Republic« (»Die Republik«), übersetzt von A. D. Lindsay, London, Heron Books, 1969, S. 322.

13 Joe Fisher, »The Case for Reincarnation« (»Pro Reinkarnation«), S. 139-140.

14 Ein Beleg für den Kirchenbann für Origen findet sich in »A Select Library of Nicene and Post-Nicene Fathers of the Christian Church« (»Literaturauswahl nizäischer und postnizäischer Väter der christlichen Kirche«), Band 14, 2. Auflage, herausgegeben von Henry R. Percival , New York, N.Y., Charles Scribners Sons, 1900, S. 318-320.

15 Geddes MacGregor, »Reincarnation in Christianity« (»Reinkarnation im Christentum«), Wheaton, Illinois, Quest Books, 1978, S. 45.

16 Steven Rosen, »The Reincarnation Controversy« (»Reinkarnation kontrovers diskutiert«), Badger, Kalifornien, Torchlight Publishing, Inc., 1997, S. 72.

17 Hsueh Wen-yu, »Fate Brings People Together« (»Das Schicksal bringt die Menschen zusammen«), Artikel in »Trademarks of the Chinese« (»Markenzeichen der Chinesen«), Band II, herausgegeben von Chen Li-chu, Taipei, Taiwan, Sinorama magazine, 1994, S. 201.

18 »The Reincarnation Library« (»Die Reinkarnationsbibliothek«), Aeon Publishing Company, 540 West Boston Post Road, Mamaroneck, N.Y. 10543.

19 George du Maurier, »Peter Ibbetson«. Ursprünglich 1891 als Fortsetzungsserie in »Harper's Monthly« (»Harpers Monatsblatt«) erschienen, später in jenem Jahr in Buchform von Harper and Brothers, London.

20 Harry Leon Wilson, »Bunker Bean«, New York, N.Y., The Curtis Publishing Company, 1912.

21 Gina Cerminara, »Many Lives, Many Loves« (»Viele Leben – viele Liebschaften«), New York, N.Y., William Morrow and Company, Inc., 1963. Meine Ausgabe ist ein Signet Book, veröffentlicht von der New American Library, New York, 1974, S. 99.

22 J. D. Salinger, »Nine Stories« (»Neun Geschichten«), Boston, Massachusetts, Little Brown and Company, Inc., 1948.

23 Platon, »Die Republik«, S. 312-316.

Kapitel 2

1 Robert A. Baker, »They Call It Hypnosis« (»Sie nennen es Hypnose«), Buffalo, New York, Prometheus Books, 1990, S. 226.

2 Albert de Rochas, »Les Vies Successives« (»Ein Leben nach dem anderen«), Paris, Chacornac Frères, 1924.

3 Anonym, »The Encyclopedia of Occult Sciences« (»Enzyklopädie der okkulten Wissenschaften«), New York, N. Y., Tudor Publishing Company, 1939, S. 464.

4 Robert A. Baker, »They Call It Hypnosis« (»Sie nennen es Hypnose«), S. 227.

5 Joe Fisher, »The Case for Reincarnation« (»Pro Reinkarnation«), S. 70.

6 Morey Bernstein, »The Search for Bridey Murphy« (»Auf der Suche nach Bridey Murphy«), New York, N.Y., Doubleday & Company, Inc., 1956.

7 Morey Bernstein, »The Search for Bridey Murphy« (»Auf der Suche nach Bridey Murphy«), New York, N.Y., Pocket Books, 1956.

8 Jeffrey Iverson, »More Lives Than One« (»Mehr als nur ein Leben«), London, UK, Souvenir Press Limited, 1976.

9 Der Streit über die BloxhamAufnahmen hält immer noch an. Einer der stärksten Fürsprecher der negativen Sichtweise ist Melvin Harris, ein Schriftsteller und Rundfunksprecher beim BBC. Siehe »Investigating the Unexplained« (»Auf der Suche nach Erklärungen für das Unerklärliche«) von Melvin Harris, Buffalo, New York, Prometheus Books, 1986. Es lohnt sich auch, »Mind Out of Time« (»Zeitloser Geist«) von Ian Wilson zu lesen, London, UK, Victor Gollancz, 1981.

10 Richard Webster, »Spirit Guides and Angel Guardians« (»Geistführer und Schutzengel«), St. Paul, Minnesota, Llewellyn Publications, 1998, S. 275-278.

Kapitel 3

1 Ralph Waldo Emerson, »Essays and Poems« (»Essays und Gedichte«), London, William Collins, 1954, S. 80. Essays: »First Series« (»Erstausgabe«) erschien erstmals 1841.

2 A.a.O., S. 93.

Kapitel 4

1 Joe Fisher, »The Case for Reincarnation« (»Pro Reinkarnation«), S. 2.

2 Von Arthur Guirdham sind alle Bücher lesenswert. Ich empfehle besonders: »The Cathars and Reincarnation« (»Die Katharer und die Reinkarnation«), London, UK, Neville Spearman Limited, 1970, »We Are One Another« (»Wir sind jeder der andere«), London, UK, Neville Spearman Limited, 1974 sowie »The Lake and the Castle« (»Der See und das Schloss«), London, UK, C. W. Daniel Limited, 1976.

3 Gina Cerminara, »The World Within« (»Unsere innere Welt«), New York, N. Y., William Sloan Inc., 1957. Veröffentlichung meiner Ausgabe: 1973 von C. W. Daniel Limited, London, S. 144.

Kapitel 5

1 Richard Webster, »Feng Shui for Love and Romance« (»Feng Shui der Liebe und Romantik«), St. Paul, Minnesota, Llewellyn Publications 1999, S. 95.

Kapitel 7

1 Richard Webster, »Cashing in on Past Lives« (»Von früheren Leben profitieren«), Auckland, Neuseeland, Brookfield Press, 1989.

2 Dies entspricht weitgehend der Methode, die G. M. Glaskin in seinem Buch »Windows of the Mind: The Christos Experience« (»Fenster unseres Geistes – die Christuserfahrung«), London, Wildwood House, 1974, beschreibt. In diesem Buch wird eine hervorragende Methode zur Rückkehr in ein früheres Leben erklärt. Diese erfordert jedoch neben der rückzuführenden Person noch zwei Assistenten.

Kapitel 8

1 Richard Webster, »Astral Travel for Beginners« (»Astralreisen für Anfänger«), S. 42.

2 Richard Webster, »Dowsing for Beginners« (»Pendeln für Anfänger«), St. Paul, Minnesota, Llewellyn Publications, 1997, S. 57.

3 A.a.O. S. 43-56.

4 Mme Belanger, zitiert in: »Accelerated Learning« (»Beschleunigtes Lernen«) von Colin Rose, Aylesbury, UK, Accelerated Learning Systems Limited, 1985, S. 102.

5 Rudolf Steiner, zitiert in: »Masks of the Soul« (»Masken der Seele«) von Benjamin Walker, Wellingborough, UK, The Aquarian Press, 1981, S. 91.

6 Richard Webster, »Spirit Guides and Angel Guardians« (»Geistführer und Schutzengel«), S. 200-202.

7 Rose Murray, »When Planets Promise Love« (»Wenn die Planeten auf ›Liebe‹ stehen«), St. Paul, Minnesota, Llewellyn Publications 1999, S. 145. Erstausgabe 1995 unter dem Titel: »When Will You Marry?« (»Wann wirst du heiraten?«).

8 Terence Hines, »Pseudoscience and the Paranormal« (»Pseudowissenschaften und das Paranormale«), Buffalo, New York, Prometheus Press, 1988, S. 25.

9 Richard Webster, »Spirit Guides and Angel Guardians« (»Geistführer und Schutzengel«), S. 175-182.

10 Richard Webster, »Omens, Oghams and Oracles« (»Omen, Ogham und Orakel«), St. Paul, Minnesota, Llewellyn Publications, 1995, S. xi-xii.

Kapitel 9

1 Robert Browning, zitiert in: »Robert Browning: His Life and Work«(»Robert Browning – Sein Leben und Werk«), von F. E. Halliday, London, Jupiter Books (London), Limited, 1975, S. 74.

2 »The Letters of Robert Browning and Elizabeth Browning« (»Die Briefe von Robert Browning und Elizabeth Browning«), zwei Bände, 1899.

3 Rose Murray, »When Planets Promise Love« (»Wenn die Planeten auf ›Liebe‹ stehen«), S. 145.

4 C. S. Lewis, »A Grief Observed« (»Anzeichen für einen Kummer«), ursprünglich herausgegeben von Faber and Faber Limited, London, 1961. Die Originalausgabe wurde unter dem Pseudonym ›N. W. Clerk‹ veröffentlicht. Meine Ausgabe wurde 1989 von Harper San Francisco veröffentlicht, S. 60.

5 Harold Oxbury, »Great Britons – Twentieth Century Lives« (»Große Britannen – Leben im 20. Jahrhundert«), Oxford, Oxford University Press, 1985, S. 260.

6 Dorothy Osborne, »The Letters of Dorothy Osborne to Sir William Temple 1652-1654« (»Die Briefe von Dorothy Osborne an Sir William Temple«), herausgegeben von Kingsley Hart, London, The Folio Society, 1968, S. 11.

7 Dorothy Osborne, »The Letters of Dorothy Osborne to Sir William Temple 1652-1654« (»Die Briefe von Dorothy Osborne an Sir William Temple«), S. 144.

8 Dorothy Osborne, »The Letters of Dorothy Osborne to Sir William Temple 1652-1654« (»Die Briefe von Dorothy Osborne an Sir William Temple«), S. 12.

9 Sir William Temple, »Miscellanea, the Second Part« (»Vermischtes, zweiter Teil«), 1690.

10 Jonathan Cott in Zusammenarbeit mit Hanny El Zeini, »The Search for Omm Sety« (»Auf der Suche nach Omm Sety«), New York, Doubleday and Company, Inc., und: London, Rider and Company Limited, 1987.

11 Jonathan Cott, »The Search for Omm Sety« (»Auf der Suche nach Omm Sety«), S. 13.

12 Brian L. Weiss, Dr. med., »Only Love is Real« (»Nur die Liebe ist echt«), New York, N.Y., Warner Books, Inc., 1996.

Kapitel 10

1 Henry Drummond, »The Greatest Thing in the World«, (»Das Allergrößte auf der Welt«), 1883. Es gibt viele Ausgaben dieses Pamphlets. Meine Ausgabe ist: »The Greatest Thing in the World and 21 Other Addresses«, (»Das Allergrößte auf der Welt und 21 weitere Bittschriften«), London, William Collins, 1964, S. 62.

2 Henry Drummond, »The Greatest Thing in the World and 21 Other Addresses«, (»Das Allergrößte auf der Welt und 21 weitere Bittschriften«), S. 63.

Resümee

1 Press Association Artikel: »Madly in Love? You said it ...« (»Verrückt vor Liebe? Du hast es selbst gesagt ...«), veröffentlicht im ›New Zealand Herald‹ (»Neuseelandherold«), Abschnitt B, S. 1, Juli 30, 1999.

Stichwortverzeichnis

Elizabeth Claire Prophet

Seelenpartner & Zwillingsseelen

Die spirituelle Dimension der Liebe und unserer Beziehungen

Die Suche nach der wahren Liebe und nach dem perfekten Partner ist wohl das am meisten behandelte Thema der Weltgeschichte überhaupt. Tatsächlich ist dieser Wunsch nach erfüllender Liebe jedoch eine Suche nach Ganzheit. "Seelenpartner und Zwillingsseelen" enthüllt mit Wärme und Weisheit die spirituelle Dimension von Beziehungen und zeigt neue Wege auf, um zu Ganzheit und wahrer Liebe zu finden. Sie lernen viel Wissenswertes über Seelenpartner, Duale und karmische Partner, und man beginnt zu verstehen, weshalb man gerade bestimmte Liebschaften in sein Leben zieht – sogar, warum selbst die schwierigste Beziehung geradezu ein Sprungbrett zur perfekten Liebe sein kann.

176 Seiten, broschiert
€ [D] 6,95
ISBN 978-3-89845-126-0

Elizabeth Clare Prophet & Patricia R. Spadaro

Karma in der Praxis

Die Zukunft gestalten

»Karma in der Praxis« zeigt dem Leser anhand von praktischen Beispielen, wie Aktionen aus seinem früheren Leben – gute oder böse – mit seinem heutigen Leben zusammenhängen. Er lernt aber auch viel über Gruppenkarma und erfährt, was die großen Lehrer der westlichen und östlichen Welt, wie z. B. Jesus und Konfuzius, über Karma und Reinkarnation lehrten. Doch vor allem lernt der Leser, wie er karmische Begegnungen als große Chancen für seine Zukunft zu nutzen vermag.

288 Seiten, broschiert
€ [D] 6,95
ISBN 978-3-89845-060-7

Elizabeth Clare Prophet & Patricia R. Spandaro

Alchemie des Herzens

Wer mehr liebt, wird mehr geliebt

In einem Fünf-Punkte-Programm wird das Herz des Lesers allmählich in eine höhere Frequenz seiner Liebesfähigkeit geführt. Es wird gezeigt, wie er sein Herz für höhere Schwingungen öffnen kann, wie er es stärkt und heilt und wie er es weiterhin vor niedrigen Schwingungen schützt, bis er schließlich ganz in sein Herz eindringt und sich so mit der göttlichen Liebe vereint. Meditationen und Affirmationen unterstützen den Leser dabei, in den Tempel seines Herzens einzudringen und sich mit seinem höheren Selbst zu verbinden, um sich alle Fragen, die ihn bewegen, beantworten zu lassen. Dieses Buch ist im wahrsten Sinne ein Herzensjuwel, auf dem Weg zu einer höheren Liebe.

256 Seiten, broschiert
€ [D] 6,95
ISBN 978-3-89845-050-8

Daniel Meurois-Givaudan

Karmische Krankheiten

Erkennen – verstehen – überwinden

Dieses in seiner Art einmalige Buch versteht den Menschen als eine Folge von verschiedenen Reinkarnationen, wobei jede unterschiedliche Spuren hinterlassen hat, die sich im jetzigen Leben als Krankheit manifestieren können und die die traditionelle Medizin weder verstehen noch heilen kann. Ein erfahrener Therapeut mit medialen Fähigkeiten und einem tiefen Verständnis des Menschseins vermittelt hier einen einmaligen Einblick in die Komplexität von Krankheiten.

144 Seiten, broschiert
€ [D] 12,90
ISBN 978-3-89845-193-2

Anne Meurois-Givaudan & Dr. med. Antoine Achram

Auralesen und alte Therapien der Essener

Von der Autorin des Bestsellers »Essener Erinnerungen«

Wenige Bücher über das Thema Heilen gehen so weit wie dieses im Bezug auf das Verständnis von Krankheiten, denn hier werden diese als eine Reaktion auf feinstofflicher Ebene interpretiert und auch auf dieser behandelt - ein bemerkenswerter Ansatz zum Verständnis der energetischen Medizin. Eine interessante Einführung in eine vergessene Heiltechnik, die von der Autorin seit vielen Jahren mit großem Erfolg angewandt wird.

238 Seiten, broschiert
€ [D] 13,90
ISBN 978-3-89845-194-9

Trutz Hardo

Das große Karmahandbuch

Wiedergeburt und Heilung

Deutschlands bekanntester Rückführungstherapeut Trutz Hardo legt hier ein umfassendes Grundlagenwerk vor, das sowohl die Allgemeinmedizin als auch die Psychotherapie mit einem neuen Heilansatz konfrontiert – und sie womöglich revolutioniert.
Neueste empirische Forschungsergebnisse aus der Rückführungstherapie zeigen, dass die meisten physischen und psychischen Krankheiten schon in früheren Leben verursacht wurden und sich im heutigen Folgeleben als Symptome manifestieren. Während einer Rückführung kann die Ursachensetzung in jenen früheren Leben aufgelöst werden und Heilung wird möglich – zahlreiche Beispiele belegen es!

384 Seiten, gebunden
€ [D] 24,90
ISBN 978-3-89845-014-0

Brenda Barnaby
Das Geheimnis hinter "The Secret"

Alle Geheimschlüssel der populären Botschaft, die Rhonda Byrne in ihrem Werk "The Secret – Das Geheimnis" verkündet, werden hier enthüllt, um jedem von uns Zugang zu seinem eigenen Weg zu vermitteln. Daneben enthält dieses Werk eine Sammlung von Tipps und Methoden zur Persönlichkeitsentwicklung, die von den bedeutendsten Experten unserer Zeit auf dem Gebiet des Positiven Denkens stammen. Sie halten hiermit zweifelsohne ein Buch von unschätzbarem Wert in Händen, das Ihr Leben verändern kann, wenn Sie bereit sind für ein Leben voller Erfolg, Wohlstand, Gesundheit und Harmonie.

184 Seiten, gebunden
€ [D] 17,90
ISBN 978-3-89845-242-7

Kazuo Murakami
Der göttliche Code des Lebens
Ein neues Verständnis der Genetik

Dieses in viele Sprachen übersetzte Buch ist einer der besten Beiträge zur Frage der Interaktion zwischen Genen, Umwelt und Bewusstsein. Der japanische Biowissenschaftler Murakami geht der Frage nach, ob positive Gefühle Gene aktivieren können oder, anders ausgedrückt, ob der Geist etwas mit dem körperlichen Wohlbefinden zu tun hat.

152 Seiten, gebunden
€ [D] 14,90
ISBN 978-3-89845-226-7

Glück, Freude, Inspiration oder Dankbarkeit können nützliche Gene aktivieren – das ist das Ergebnis der Forschungen dieses Genetikers, der seine Erkenntnisse in diesem Buch in klarer und allgemeinverständlicher Form darlegt - und so endlich der weit verbreiteten These, das Schicksal sei bereits im Genom festgelegt, eine deutliche Absage erteilt.

Vadim Zeland
Transsurfing
Realität ist steuerbar

Dieses Buch löste in Russland eine wahre Revolution aus. Die Realität ist steuerbar! Wir alle glauben, wir seien abhängig von den äußeren Umständen – dabei ist es genau umgekehrt! Ihre innere Wirklichkeit kreiert die äußere Realität. So erfüllen sich Wünsche, Träume verwirklichen sich …

Transsurfing ist eine mächtige Technologie zur Realitätssteuerung. Alle, die sich mit Transsurfing beschäftigen, erleben eine Überraschung, die an Begeisterung grenzt. Die Umgebung eines Transsurfers verändert sich beinahe augenblicklich auf eine unbegreifbare Weise.

Das hat nichts mit Mystik zu tun. Das ist real.

232 Seiten, broschiert
€ [D] 14,90
ISBN 978-3-89845-154-3

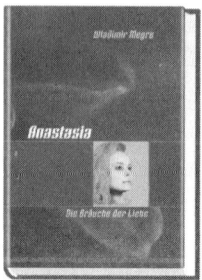

Wladimir Megre
Anastasia – Die Bräuche der Liebe

Der neue Band der erfolgreichen Anastasia-Reihe beschäftigt sich mit der Einstellung der Gesellschaft zum Thema Liebe sowie mit den Auswirkungen dieser Haltung auf das Zusammenleben der Menschen. Anastasia zeigt am Beispiel von alten wedrussischen Bräuchen und deren Bedeutung sehr anschaulich, wie der Zusammenhalt in Familien gestärkt und die Gestaltung des gesellschaftlichen Lebens geplant werden kann. Anastasias starke Zukunftsvisionen malen eine blühende Zukunft für unseren Planeten - und für eine »neue Zivilisation« ...

240 Seiten, gebunden
€ [D] 14,90
ISBN 978-3-89845-180-2

Ha. A. Mehler
Leidenschaft

Horace beginnt eine leidenschaftliche Affäre mit der femme fatale Jeannie, die ihn mit ihren erotischen Vorzügen ködert – und gleichzeitig auf gekonnte Art das Geld aus der Tasche zieht. Er verfällt ihr zunehmend, bis er erkennt, dass er Jeannie bereits aus mehreren früheren Leben kennt, wo er ihr ebenfalls in die Falle ging. Als er auf einen bestimmten Umstand in einer vergangenen Existenz stößt, ändert sich alles mit einem Schlag...

Das Thema Reinkarnation erfährt durch die Feder des Bestsellerautors Ha. A. Mehler eine romanhafte und äußerst spannende Aufarbeitung, in der der Leser den Helden durch die verschiedensten Traditionen der Weltgeschichte begleitet.

"Leidenschaft" ist erotisch und esoterisch zugleich, es ist Hochspannung pur, Unterhaltung pur und Mystik pur.

472 Seiten, gebunden
mit Schutzumschlag
€ [D] 19,90
ISBN 978-3-89845-168-0

Trutz Hardo
Erfahre Deine früheren Leben

Zum ersten Mal begleitet Sie Deutschlands bekanntester Rückführungsexperte auf 2 CDs in Ihre früheren Leben. Mit einer Count-Down-Entspannungsmethode wird der Hörer in den Alphazustand versetzt, in welchem es möglich ist, gefahrlos über das Unterbewusstsein frühere Leben wiederzuerleben.

ISBN 978-3-931652-28-9 I Doppel-CD · je 70 Minuten I 36 Seiten Anleitung I € [D] 36,80

Weiterführende Informationen zu
Büchern, Autoren und den Aktivitäten
des Silberschnur Verlages erhalten Sie unter:
www.silberschnur.de oder durch
die Zusendung der beiliegenden *Postkarte*.

Ihr Interesse wird belohnt!